S. FISCHER

UDO JÜRGENS
MICHAELA MORITZ

Spiel des Lebens

Geschichten

※ | FISCHER

Erschienen bei FISCHER
2. Auflage August 2019

Die Geschichte »Spiel des Lebens« wurde
zum ersten Mal 2010 in dem Band »Ein Traum von Musik.
46 Liebeserklärungen« in der Edition Elke Heidenreich
bei C. Bertelsmann, München, in der Verlagsgruppe
Random House GmbH veröffentlicht.

© by Michaela Moritz, Udo Jürgens 2019

© 2019 S. Fischer Verlag GmbH, Hedderichstr. 114,
D-60596 Frankfurt am Main

Gesamtherstellung: CPI books GmbH, Leck
Printed in Germany
ISBN 978-3-10-002435-0

INHALT

Spiel des Lebens 7
Das Lokal in der Kantstraße 33
Brief aus der Fremde 79
Der Junge im Bus 129
Der Tanz auf dem Balkon 143
Billy oder »Die Stunde des Königs« 165

Nachbemerkung 213
Dank 219

SPIEL DES LEBENS

I.
Las Vegas, Nevada, Ende der 1950er Jahre

1

Blinkende Lichter, skurrile Töne, Schwaden vom Rauch Dutzender Zigaretten, manchmal der Klang von Münzen, die in größerer Zahl ins Ausgabefach fallen. Eine seltsame Mischung aus Lärm und konzentrierter Stille.

Ich betrete den Raum mit einer gewissen Scheu. Es ist eine fremde Welt, in der ich mich unsicher bewege. Ich gehöre hier nicht her, das ist mir in jeder Sekunde deutlich bewusst. Etwas ratlos schaue ich mich um. Allein der Bereich mit den Automaten scheint mir so groß wie die Bahnhofshalle einer Großstadt. Weiter hinten liegen die Bereiche mit den Spieltischen für Roulette, Black Jack, Poker. Ich werfe nur einen flüchtigen Blick dorthin und konzentriere mich dann wieder auf den Teil des Raumes, in dem ich mich befinde, versuche, das Gefühl der beklemmenden Fremdheit etwas abzuschütteln.

Jeder bleibt hier für sich, manche spielen an zwei Automaten gleichzeitig. Manche Spieler scheinen leise Selbstgespräche zu führen, Beschwörungsformeln, als hinge es von der Macht ihrer Gedanken oder Gebete ab, wie die Walzen in der »Slot Machine« sich drehen, als könnten sie den Lauf des Spiels beeinflussen, als hinge Sieg oder Niederlage von der Kraft ihrer Wünsche ab.

Ein Wink mit dem Finger bringt einen Kellner dazu, einen neuen Drink abzustellen. Gezahlt wird, ohne die Augen von der Maschine zu nehmen, als würde die Beobachtung der drehenden Walzen das Glück beeinflussen und ein Moment der Unaufmerksamkeit Pech nach sich ziehen.

Manch einer ist blass im Gesicht, Schweiß auf der Stirn, als ginge es um die ganze Existenz. Konzentrierte, angespannte Mienen, das Leben scheint nur aus diesem Moment, dieser Maschine und dem Augenblick der Hoffnung auf den Gewinn zu bestehen. An einer entfernten Ecke bricht Streit aus, ein Mann will einen anderen vom Automaten vertreiben, da er an »seiner« Maschine spiele und er ganz deutlich fühle, dass diese Maschine heute reif sei für den ganz großen Gewinn. Aus einer anderen Richtung erklingt das nicht enden wollende Rasseln einer Unmenge von Münzen, gefolgt von einem hemmungslos herausgebrüllten Jubelschrei. Der Mann lässt sich eine Plastikschale für die vielen Münzen geben. Wo so viel Glück war, muss einfach noch mehr sein. Heute ist *sein* Tag. Heute fordert er das Schicksal heraus. Münze für Münze verschwindet wieder im Schlitz des Automaten. Es winkt der ganz große Jackpot, das ganz große Geld, die Summe, die das eigene Leben verändern wird, ein für alle Mal.

Meine eigenen Ziele und Wünsche an das Leben in diesem Moment sind da erheblich bescheidener: nur zehn Dollar zu gewinnen, das würde meinen Traum dieses Tages schon erfüllen. Nur zehn Dollar! Für mich ein unermessliches Vermögen! Ich versuche, das Schicksal ein wenig zu beschwören und auf meine Seite zu ziehen.

Noch nie zuvor habe ich ein Casino betreten – und dieses hier in Las Vegas ist riesig, laut, scheint seinen ganz eigenen Gesetzen zu gehorchen. Am Eingang hatte ich meinen Ausweis zeigen müssen, da man mir meine 23 Jahre nicht glaubte. Mit einem Stirnrunzeln ließ man mich schließlich passieren. Ein Junge irgendwo aus der fernen europäischen Provinz, dem man die leeren Taschen ansieht.

2

Seit Wochen schon bin ich mit vier Freunden unterwegs durch Amerika. In einem alten Ford Customline haben wir die Route 66 und andere gebührenfreie Highways von Ost nach West bereist. Wir schlafen immer unter freiem Himmel. Geld für Hotelzimmer oder Restaurants haben wir nicht. Wir waschen uns und unsere Kleidung in Bächen, Flüssen und Seen, an denen wir zufällig vorbeikommen, trocknen unsere Kleidung während der Fahrt an der Radioantenne oder über Nacht auf dem Autodach. Wir ernähren uns von Cornflakes, Milch und Schinken. Wir haben ausgerechnet, dass wir so mit unserem knappen Budget am längsten durchhalten. Das Auto haben wir für 700 Dollar erstanden und wollen es am Ende der Reise für vielleicht 500 Dollar wieder verkaufen. Es ist für diese Zeit unser Zuhause.

Die anderen vier Freunde haben wenigstens einen Schlafsack und eine Luftmatratze als Unterlage. Ich bin der Einzige, der ohne diese Annehmlichkeiten auskommen muss, aber das stört mich nicht sehr. Ich kann eigentlich überall schlafen, auf einer Bank, einer Steinmauer, wo auch immer und sei der Platz noch so eng – und als Kopfkissen genügen mir meine Schuhe. Meistens lege ich mich zum Schlafen auf die Rückbank des Wagens, lasse bei gutem Wetter eine Tür offen, damit ich die Beine ausstrecken kann. Ein Gefühl von grenzenloser Freiheit und Abenteuer. Wir brauchen wenig – und das ganze unermessliche Land unserer Träume steht uns dafür offen und will von uns entdeckt werden.

3

Ich entscheide mich für einen Automaten, der bisher von den anderen Spielern wenig beachtet wurde. Vielleicht wird er mir ja Glück bringen. Ich wiege die in 25-Cent-Münzen gewechselten fünf Dollar in meiner Hand, mein ganzes Spielkapital, nehme die erste, wünsche mir Glück, werfe sie ein, ziehe den Hebel. Die drei Walzen bewegen und drehen sich erschreckend kurz, blinken, kommen zum Stehen. Nichts passiert. Kein noch so leises Rasseln im Münzfach. Der erste Quarter ist verloren. Meine vier Freunde schauen durch den Eingang herein, drücken mir die Daumen. Ich lächle zurück, konzentriere mich wieder auf den Automaten. Bitte, bitte, bitte, nur zehn Dollar brauche ich. Hier und heute. Das muss doch zu schaffen sein ...

4

Für mich ist es die erste große Reise meines Lebens.

Der Krieg liegt zwölf Jahre zurück. In meiner Heimat besteht die Welt aus Zonen, Wiederaufbau, der Suche nach Schuld und dem steinigen Weg aus den Trümmern der Geschichte. Die Musik der Zeit ist von harmlosen Sehnsuchtsliedern geprägt: Cowboylieder, Seemannslieder, Italienlieder, etwas anderes findet kaum statt. So etwas wie eine ernstzunehmende, zeitgemäße Unterhaltungsmusik, die das Lebensgefühl junger Menschen wie uns ausdrückt, Musik, wie ich sie liebe, bekommt man in den Radiosendern und auf heimischen Schallplatten so gut wie nicht zu hören. Die Musik, wie ich sie liebe, gibt es nur von amerikanischen, französischen, italienischen, britischen Musikern und laufen auf den Sendern der Alliierten, nicht in den großen Radioprogrammen meiner beiden Heimaten Deutschland und Österreich.

Ich suche als junger Musiker meinen Weg, den ich bisher nicht gefunden habe. Ich weiß, ich habe Talent, ich weiß, dass mein Leben der Musik gewidmet sein muss, etwas anderes kann ich mir nicht vorstellen, aber bisher habe ich nichts erreicht. Und ich habe nur eine vage Vorstellung von dem, was ich erreichen will, und dem Weg, den ich gehen muss, um es erreichen zu können.

Ich spiele amerikanische Swing-Nummern in irgendwelchen Clubs, was mich begeistert, oder nehme unsägliche Herz-Schmerz-Sehnsuchtslieder für Musikproduzenten auf, die mir immer wieder versichern, das sei auf Jahre hin das Einzige, was sich in Deutschland und Österreich verkaufen lasse – was mir überhaupt nicht entspricht. Für Musik, wie sie mir etwas bedeutet und Songs, die ich selbst komponiere, die mit meinem Lebensgefühl und der Gegenwart zu tun haben, scheint kein Platz zu sein.

Ich lebe von der Hand in den Mund, spiele in Lokalen für eine Mahlzeit und etwas Trinkgeld oder spare mir die kleine Gage mehrerer Abende lang zusammen, um mir die Schallplatten der amerikanischen Künstler zu leisten, die ich bewundere und verehre – Frank Sinatra, Nat King Cole, Sammy Davis Jr., Judy Garland. Das ist meine »Schule«.

Manchmal frage ich mich, wo ich in fünf, zehn oder zwanzig Jahren sein werde, ob ich dann immer noch durch die Bars und Kneipen tingeln werde, zunehmend frustriert, der ewig Begabte, aus dem nichts geworden ist und der anderen gefragt oder ungefragt immer nur die Geschichte zu erzählen hat, was er hätte erreichen können, wenn nicht ... – ja, wenn was eigentlich nicht? – ... wenn man ihn hätte eigene Songs singen lassen, wenn man ihm eine Chance gegeben hätte oder wenn er sich besser der Zeit und ihrer seltsamen Kultur hätte anpassen und das, was der Markt offensichtlich will, besser hätte bedienen können.

Oder werde ich die Musik irgendwann sogar aufgeben müssen und etwas ganz anderes versuchen? – Aber das kann ich mir noch weniger vorstellen, als für immer in irgendwelchen Lokalen zu spielen, wenigstens von Musik umgeben. Irgendwie ... Ich weiß es einfach nicht.

Nur die allerwenigsten, die sich in diesem Beruf versuchen, schaffen es, das ist mir bewusst. Einer von Tausenden vielleicht, eher einer von Hunderttausenden oder Millionen. Die anderen bleiben im Mittelmaß oder geben irgendwann auf. In diesem ewigen Kampf ist die Niederlage tausendfach wahrscheinlicher als der Sieg – und trotzdem muss ich es versuchen, muss meinen Weg gehen, das spüre ich genau, so verrückt es auch sein mag. Wenn ich nur irgendwie auf Dauer davon leben kann, hätte ich schon viel erreicht. Vielleicht 5000 DM mehr auf dem Konto zu haben, als ich zum Leben brauche, das ist das Maximum an Sicherheit, von dem ich träume. Doch meine Träume haben kein Sicherheitsnetz, das ist mir bewusst. Das ist die Kehrseite dieser totalen Freiheit.

5

Ich werfe meine nächste Münze in die Maschine, ziehe den Hebel – – wieder verloren. Frustriert werfe ich nach – und siehe da: zwei der Zitronen sind auf der gleichen Linie. – Ein kleiner Gewinn. Ich höre vier Münzen fallen, zähle nach, habe jetzt 6 Dollar und 25 Cent. Das ist nicht viel, aber mehr als die fünf, mit denen ich gekommen bin. Hoffnungsvoll werfe ich die nächste Münze ein.

6

Die Reise nach und durch Amerika, die ein Freund von mir im Rahmen eines internationalen Kulturaustauschs für Studenten organisiert hat, verschafft mir auch eine Auszeit, etwas Abstand und die Chance, herauszufinden, wohin mein eigener Weg mich führen soll, wie es weitergehen soll mit meinem Leben und meiner Musik.

Wie auch immer es für mich kommen mag, ich muss die Auszeit hier nutzen, um mir darüber klarzuwerden, wie ich die Weichen zu stellen versuchen werde, wenn ich zurück bin.

7

Die Maschine klingelt, blinkt, lädt mich ein, mein Glück erneut zu versuchen, bevor ich noch begriffen habe, dass ich die letzte Münze verloren habe. Und noch eine verloren. Dann gewinne ich wieder ein bisschen. Ich würde gern etwas Wasser trinken, doch ich wage es nicht, den Kellner danach zu fragen. Vielleicht kostet es Geld, und das würde dann von meinem wertvollen Spielkapital abgehen. Das riskiere ich natürlich nicht.

Der Mann ein paar Automaten weiter bekommt den dritten oder vierten Wodka in fünfzehn Minuten. Er trinkt, spielt, gewinnt, verliert und scheint nichts davon wirklich wahrzunehmen. Ich freue mich über jeden Cent, den ich gewinne. Ich zähle mein aktuelles Kapital: 6 Dollar, 75 Cent, das läuft doch gar nicht so schlecht!

8

Amerika, das ist unser Traum. Das Ideal der Freiheit, der Demokratie – und eine Musik, die dieser Zeit und unserem Lebensgefühl entspricht. Für mich eine permanente Quelle der Inspiration, aber auch ein Land voller Gegensätze, die es zu verarbeiten gilt: Mutterland der Demokratie und gleichzeitig Land der Rassentrennung mit Trinkbrunnen und Toiletten für »Weiße« und anderen für »Farbige«, ein Land der grenzenlosen Chancen, aber auch der grenzenlosen Möglichkeiten, im Nichts zu versinken, ohne jegliche Hilfe zu bekommen. Ein Land der Freiheit und der Kontrolle, in der junge Leute unter 21 keinen Tropfen Alkohol trinken dürfen, aber Zehnjährige schon vor Gericht angeklagt werden können.

Und doch – Freiheit fühlt sich hier anders an als zu Hause. Ein Land voll Musik, ein Land der inspirierenden Gegenwart, der weltbeherrschenden Filme, ein Land aus Klängen und Ideen, die der Zeit entsprechen – und Musik als Jugendbewegung, als Mittel, sich auszudrücken und nicht nur als kraftlose Beschwörung eines verlogenen Glückes und einer Sehnsucht, die längst abgelebt ist wie in der Schlagermusik meiner Heimat.

Was wir in diesen Wochen erlebt haben, werde ich noch verarbeiten und begreifen müssen, und auch wenn es mir manchmal wie der pure Irrsinn erscheint, mit einem Budget von einem Dollar pro

Person und Tag so eine Reise bewältigen zu wollen, fühle ich mich doch gleichzeitig unendlich reich, das alles hier erleben zu dürfen.

9

Die nächste Münze verschwindet im Einwurf, ich ziehe am Hebel, warte. Und tatsächlich: ich verstehe zwar nicht, wieso, hab das System, nach dem man hier gewinnt oder verliert, noch immer nicht verstanden, hab nur begriffen, dass eine Reihe mit drei gleichen Symbolen wunderbar wäre und eine mit dreimal der Sieben das höchste der Gefühle, aber wie dem auch sei, es fallen einige Münzen in das Fach! Ich zähle nach, habe jetzt 8 Dollar und 75 Cent. Ich unterdrücke mühsam einen Freudenschrei! Ich muss nur noch 1 Dollar und 25 Cent gewinnen, dann kann ich mir heute Abend meinen Traum erfüllen. *Den* Traum schlechthin für einen jungen, musikbegeisterten Europäer: ein Konzert des großen, unvergleichlichen, von uns geliebten und verehrten Sammy Davis Jr. live erleben zu können.

Wir haben das Plakat gesehen, als wir nach Las Vegas kamen, dann die meterhohe Ankündigung hier am berühmten »Sand's«. Schon dies ein unfassbares Glücksgefühl: Sammy Davis Jr. wird heute Abend hier spielen und wir werden ganz in der Nähe sein!

Dann hatten meine vier Freunde eine Idee: wir könnten 5 Dollar von unseren eisernen Reserven nehmen, die wir für Notfälle dabei und bisher nicht angetastet hatten. Das wäre ein normales Tagesbudget für uns fünf und das Äußerste, was wir riskieren könnten. Damit könnte ich im Casino spielen und versuchen, das Geld für eine Stehplatzkarte zu gewinnen. Wir erkundigten uns: Ich bräuchte zehn Dollar dafür. Sollte ich verlieren, wären die fünf Dollar eben weg, aber den Versuch wäre es wert, so fanden alle. So eine Chance habe man nur einmal im Leben. Alle würden das Konzert gerne sehen, aber wenn es einer von uns sehen *müsse*, dann sei ich das. Ich könne dann den anderen ja davon erzählen. Und die Chancen, dass wir aus 5 Dollar 50 machen würden, damit wir alle ins Konzert gehen könnten, standen gleich null. Daher wurde mir eingebläut: wenn du die zehn Dollar zusammen hast, dann hörst du auf, egal, was geschieht, auch dann wenn du meinst, du hättest eine Glückssträhne. Das haben schon viele vor dir gedacht und dann alles verloren. Du spielst, bis du zehn Dollar hast und keine Minute länger – oder bis die fünf Dollar weg sind. Nachdenklich hatte ich genickt.

Sammy Davis Jr. – vermutlich war er schon ganz in unserer Nähe! Allein dieses Gefühl begeistert mich schon so sehr, dass ich mich beinahe fühle, als hätte ich die zehn Dollar bereits zusammen. Wie wunderbar würde es sein, dieses Konzert heute Abend zu hören!

In meinem Kopf höre ich ihn schon seine großen, von mir so sehr geliebten Nummern spielen. »The Way You Look Tonight«, »You Are My Lucky Star«, »That Old Black Magic«, »Someone To Watch Over Me« ... Beinahe sehe ich schon die Bühne, das Orchester, seine legendären Steppschritte, den Zigarettenrauch, in den gehüllt er manche Songs singen wird ... Beinahe bin ich schon dabei. Was, wenn Sammy Davis Jr. irgendwann einen Song von mir in sein Repertoire aufnehmen würde. – Jugendliche Träumerei.

10

Der nächste Quarter, die nächste Chance – und die Enttäuschung. Wie wohl jeder andere, der jemals an so einem Automaten gespielt hatte, versuchte ich, zu erahnen, wie ich die Maschine positiv beeinflussen könnte: Langsames Ziehen am Hebel oder besser eine schnelle, ruckartige Bewegung? Einwurf der Münzen in kurzer Abfolge oder besser mit größeren Pausen? – Natürlich blieb die Maschine von meinen kläglichen Versuchen, sie positiv zu stimmen, völlig unbeeindruckt.

3 Dollar 25. Ich versuche, das bittere Gefühl hinunterzuschlucken und wieder an mein Glück zu glauben.

Ein Quarter, ein Zug am Hebel. Nichts. Verloren. Die Enttäuschung beginnt, Besitz von mir zu ergreifen. Die Hoffnung zerrinnt langsam. Die Vorstellung vom Konzert, live, ganz nah, verblasst. Ganz langsam löst sie sich auf. Aber noch habe ich zwölf Münzen und damit zwölf Chancen. Ich versuche, mich an einen letzten Rest von Zuversicht zu klammern, und rede mir ein, dass ein Spiel erst nach dem allerletzten Einsatz verloren ist. Doch ich werfe meine Münzen nun hektisch ein, zitternd, schon mit dem Gefühl des Verlierers, der sich mit aller Macht an die letzte Chance klammert, obwohl er weiß, dass es vergebens sein wird.

Nur noch drei Münzen in der Hand. Ich spüre kaum noch ihr Gewicht. Es geht um mehr als nur um eine Konzertkarte. Es geht um einen Traum, der zum Greifen nah schien und der nun mit jeder Münze, die in der Maschine verschwindet, unerreichbarer wird.

Der letzte Quarter. Nirgends steht geschrieben, dass es nicht auch genau diese letzte Münze sein kann, die das Blatt endgültig zum Guten wendet. Ich brauche einzig und allein diese lächerlichen, unerreichbaren, wichtigen, in diesem Augenblick für mich existentiellen verdammten *zehn* fucking Dollar.

Ich wiege die letzte Münze lange in meiner Hand. Ich überlege, den Automaten zu wechseln. Aber was, wenn diese Maschine jetzt das Glück für mich bereithält und ein anderer es einsammelt, während ich auf den Automaten daneben oder eine Reihe weiter setze? – Nein, das geht nicht.

Ich schaue mir das Profil von George Washington auf diesem, meinem letzten Quarter lange an, das Wort »Liberty«, das darüber prangt, den Adler auf der anderen Seite und hoffe, dass er mir Glück bringen wird.

Ich halte den Atem an, schließe die Augen, stecke den letzten Quarter in den Schlitz, höre ihn fallen, ziehe den Hebel ganz langsam, lasse ihn los, warte mit geschlossenen Augen. Das Geräusch der drehenden Walzen. Erschreckend kurz. Ich konzentriere mich, ich spüre die Spannung in meinem ganzen Körper. Nichts. Kein noch so leises Rasseln im Münzausgabefach. Rein gar nichts. Stille.

Für einen Moment ist es mir, als stünde die Welt still. Langsam öffne ich die Augen. Eine Zitrone, eine Pflaume, eine Sieben, aber keines der Symbole auch nur auf der Linie. Vorbei, verspielt.

Die Songs, die ich in mir schon gehört hatte, verklingen, das Bild der Bühne, des Orchesters in meiner Phantasie verblasst.

II.
München, mehr als zwanzig Jahre später

1

Tiefverschneit liegt die Stadt vor dem Fenster meines Hotelzimmers. Frühe Dunkelheit des Winters. Die Straßen und Geschäfte sind bereits weihnachtlich geschmückt. Auf dem Tisch meiner Suite steht ein Obstkorb, eine besondere Aufmerksamkeit des Hauses, gemeinsam mit einer edlen Flasche Champagner. Wann ist Luxus dieser Art für mich eigentlich zu etwas Gewohntem geworden? Wann habe ich mich daran gewöhnt, mit solchen Aufmerksamkeiten in den besten Hotels der Welt empfangen zu werden, mir teure Autos mit Chauffeur, maßgeschneiderte Anzüge, ein großes Haus leisten zu können?

Manchmal erscheint es mir fast unwirklich, wenn ich auf die beiden letzten Jahrzehnte zurückblicke. Lebensabschnitte, wie sie gegensätzlicher kaum sein könnten.

Ist es nicht erst wenige Monate her, seit ich von der Hand in den Mund lebte, von einem kleinen Engagement zum nächsten in irgendwelchen Lokalen tingelte, in winzigen Zimmern gemeinsam mit

Freunden gewohnt, mir die Schallplatten der Musiker, die ich liebte, buchstäblich vom Mund abgespart habe?

Ist es nicht erst wenige Monate her, seit Plattenproduzenten in meiner Heimat sich weigerten, mich meine eigenen Songs aufnehmen zu lassen und ich schon ernsthaft darüber nachdachte, die Musik aufzugeben, weil einfach kein Weg für mich sichtbar war?

Dann auf einmal die Wende. Eine neue Zeit, ein Aufbegehren der Jugend in Deutschland, das verstaubte Strukturen aufgebrochen und auch eine neue Generation von Musikproduzenten, Musikern, Arrangeuren hervorgebracht hat. – Meine Chance und plötzlich mein Erfolg. Ein neuer Manager, der an mich und vor allem an meine Kompositionen glaubte und damit meine Karriere endlich ins Rollen brachte. Ereignisse, die sich überschlagen haben.

Wie von einem Orkan wurde mein Leben auf den Kopf gestellt und durcheinandergewirbelt. Alles, was vorher jahrelang nicht gelingen wollte, alles, worum ich mich zuvor vergeblich bemüht hatte, schien plötzlich zu gelingen und erst der Anfang von etwas noch viel Aufregenderem zu sein, als ich es mir jemals ausgemalt hatte. Im Spiel des Lebens war ich plötzlich von der Verliererseite auf der Gewinnerseite gelandet und musste lernen, das zu begreifen und mich in einem völlig neuen Leben zurechtzufinden. Wirklichkeit, die alle Träume übersteigt.

Plötzlich reiste ich atemlos weltweit meinen Liedern hinterher. Mega-Hits in Amerika, Japan und vielen anderen Ländern der Welt. Schallplatten, Konzerttourneen, Rastlosigkeit.

Weltstars wie Shirley Bassey, Nancy Wilson, Sarah Vaughan, Bing Crosby, Matt Monroe, die meine Lieder aufnahmen.

Ein ganz neues Leben, Erfolg, der alles überragte, was ich mir je hatte erträumen können und der Versuch, bei all dem auf dem Boden zu bleiben, nicht abzuheben, die Verbindung zu dem jungen Mann nicht zu verlieren, der mit einem Dollar Tagesbudget durch Amerika reisen konnte, der im Auto schlief, sich an Bächen, Flüssen und Seen wusch, sich die neue Jeans nicht leisten konnte – und der frei war.

Aber ich habe auch die Bitterkeit nicht vergessen, die in dieser Freiheit lag. Die herbe Enttäuschung, als ich im Casino in Las Vegas all mein Glück beschwor, 5 Dollar aus unseren Notreserven in 10 Dollar, eine Stehplatzkarte für ein Konzert von Sammy Davis Jr., zu verwandeln – und verlor. Das Gefühl, den Traum vom Konzert begraben zu müssen, ist mir heute noch genauso präsent wie damals.

Genau wie das Gefühl, als ich ein paar Stunden nach meiner Niederlage versuchte, durch die geschlossenen Türen des Showrooms wenigstens doch noch etwas vom Konzert zu erlauschen. Leise drang die Musik nach draußen. Ich drückte mein Ohr an die gepolsterte Tür, sehe mich heute noch mit den

Fingern schnippen und mit dem Fuß wippen im Takt der Musik. Für einen Moment konnte ich sogar einen Blick auf die Bühne erhaschen, als jemand den Saal verließ und die Tür für einige Augenblicke offen stand. Schnell war die Tür von einem Saaldiener wieder zugezogen worden. Irgendwann fiel ich jemandem auf, man fand es wohl sonderbar, dass sich ein junger Mann an den Türen zum Showroom herumdrückte, und forderte mich unmissverständlich auf, eine Konzertkarte zu kaufen oder an einen Spielautomaten zu gehen, einen Drink zu bestellen oder das Sand's zu verlassen. Das Gefühl der Peinlichkeit und Scham, als ich mich davonschlich, habe ich nie vergessen.

Danach die schweigende Fahrt raus aus der Stadt, ein Schlafplatz irgendwo in der Wüste. Meine vier Freunde auf ihren Luftmatratzen, in Schlafsäcken um das Auto herum, ich wie immer auf der Rückbank, die Beine durch die offene Tür, Blick in die sternklare Nacht, Tausende von Lichtern über mir und das Gefühl, vollkommen verloren in der Welt zu sein. Alle anderen, mit denen ich unterwegs war, waren schon ein Stück auf ihrem Weg vorangekommen.

Mein Freund Herwig, der die Reise organisiert hatte, hatte ein Jura-Studium begonnen, er würde Anwalt werden, heiraten, Kinder haben, sein Weg war vorgezeichnet. Auch die anderen drei hatten schon ihr Berufsleben begonnen. Nur ich war bald

Mitte zwanzig und hatte noch nichts vorzuweisen und keine Ahnung, wie ich etwas würde erreichen können. Alle hörten mich gern Klavier spielen, aber eine Perspektive schuf das nicht. Mich so an die Musik zu klammern, mir einzubilden, ohne Musik als Beruf sei ein erfülltes Leben für mich nicht vorstellbar, kam mir in jener Nacht wie eine Marotte, gar wie purer Irrsinn vor, als müsse ich mich zwingen, endlich erwachsen zu werden und mir die romantischen Ideen und Träumereien aus dem Kopf zu schlagen. Als wäre der Verlust der fünf Dollar, das nichtbesuchte Konzert so etwas wie ein Wink des Schicksals, der mir zeigte, dass mein Weg unter keinem guten Stern stand.

Und doch, ich fühlte es auch in jener Nacht ganz deutlich und musste mir das Gefühl gegen meinen Verstand zurückerkämpfen: ich musste es weiter versuchen. Wenigstens kämpfen, nicht kampflos aufgeben. Ich werde große Lieder schreiben, versprach ich mir allen vernünftigen Gedanken und beklemmenden Gefühlen zum Trotz. Ich versprach es den Sternen über mir und Sammy Davis Jr., der irgendwo ganz nah und doch unerreichbar fern vermutlich gerade seine letzten Töne spielte. Splitter meines Lebens.

2

Zurück in der Gegenwart, in der die bittere Enttäuschung von damals eine Wunde in meiner Seele blieb, allem Erfolg zum Trotz.

Gutgekleidete Besucher drängen sich zum Eingang des Konzertsaals im Deutschen Museum, ein Saal, der mir vertraut ist, aber von der anderen Seite des Vorhangs aus. Heute komme ich durch den Vordereingang als Besucher und nicht durch den schmucklosen Bühneneingang, durch den ich vor meinen eigenen Konzerten den Saal hier schon einige Male betreten habe. Perspektivenwechsel.

Lächelnd taste ich nach meiner Eintrittskarte, die ich aber gar nicht vorzeigen muss. Sofort empfängt mich der Veranstalter, bietet mir Champagner und Häppchen an. Überall Plakate, die auf das heutige Konzert hinweisen. Zwar nicht drei Meter hoch wie damals am Sand's, für mich aber mindestens genauso beeindruckend. – Zwei Jahrzehnte hat es gedauert. Heute kann ich mir den Traum von damals erfüllen. –

Ein Konzert von Sammy Davis Jr.!

Ich fühle eine Vorfreude in mir wie selten in meinem Leben und bin wieder der junge Mann, Anfang zwanzig, der darum spielt, dieses Konzert erleben zu dürfen. Nur habe ich diesmal gewonnen.

Der Veranstalter geleitet mich auf meinen Platz. Ich höre nur wie aus weiter Ferne, als er mir von all den Vorbereitungen auf diesen Abend erzählt. »Darf ich Sie im Auftrag von Mr Davis nach dem Konzert in seine Garderobe einladen?« Dankend nehme ich an, vermute aber, dass die Einladung wohl eher vom Veranstalter ausging als von Sammy Davis Jr. selbst. Auch egal.

3

Als das Saallicht ausgeht, Scheinwerfer die Bühne in magisches Licht tauchen, das Orchester mit dem ersten Intro beginnt, versinkt das Heute und Hier um mich. Wie viel größer ist dieses Erleben dadurch, dass ich mehr als zwanzig Jahre darauf warten musste?

4

Der letzte Ton verklingt. Nur ein Scheinwerfer zeigt noch auf das einsame Mikrofon auf der leeren Bühne. Das Publikum tobt, ist dann ganz still, als Sammy Davis Jr. in einen Trenchcoat gehüllt, einen Hut tief in die Stirn gezogen, noch einmal die Bühne betritt.

Im Hintergrund beginnt das Orchester, leise eine Einleitung zu spielen. Gänsehaut erfasst mich, noch bevor ich begreife, was hier geschieht. Ich kenne jeden einzelnen Ton dieses Intros. Fast mystisch.

Er beginnt zu singen. »In my hey-days, young girls wrote to me, everybody seemed to have time to devote to me, everyone I saw, all swore, they knew me, once upon a song …«

Ich halte den Atem an. Das ist *mein* Song, das ist wirklich *mein* Lied! Jeder Ton ergreift meine Seele und trägt mich fort. Ich kann die Tränen nicht zurückhalten. Erinnerungen, Jugendträume: *Was, wenn dieser Mann eines Tages ein Lied von mir singen würde?* Hier und heute wird es wahr!

Hätte ich damals, vor mehr als zwanzig Jahren, im Casino den Jackpot geknackt, es hätte mir nicht annähernd so viel bedeutet, wäre nicht annähernd so tief gegangen wie das, was ich in diesem Augenblick fühle und erlebe.

»If I never sing another song or take another bow. I would get by, but I am not sure – how.«

5

Die Töne verklingen, Applaus brandet auf. »The composer is here tonight. Please welcome with me …« Dann fällt mein Name. Ein Händedruck, Hochachtung und Freude in seinem Blick und in mir die Gewissheit, dass dieser Moment für immer zu den größten im Spiel meines Lebens zählen wird.

DAS LOKAL IN DER KANTSTRASSE

I.
West-Berlin, Juni 1957

1

Stimmen- und Sprachengewirr. Wogende, wuselnde Menschenmassen schieben sich durch die Prachtstraßen der Stadt, die vom Krieg und neuem Aufbruch gezeichnet sind. Leuchtreklamen neben Kriegsruinen. Noble Autos neben Rostlauben, die im Krieg schon nicht mehr neu gewesen waren, doppelstöckige Busse, Kriegsversehrte. Bettler an manchen Ecken. Restaurants, Cafés und Geschäfte werben für ihr Angebot.

Viele Passanten auffallend elegant gekleidet. Andere abgerissen und zerschlissen. Jeder außer den Bettlern scheint es eilig zu haben, unterwegs zu einem Ziel, das sie ihrer Zukunft näherbringt. Aufbruch nach den Kriegs- und Aufbaujahren. Hier spürt man, dass Deutschland wieder auf die Beine kommen möchte und wird, allen Widerständen zum Trotz.

Ganz in der Nähe wurde vor ein paar Tagen ein neues, großes Kino eröffnet. Zoo Palast. Gerade finden dort die Internationalen Filmfestspiele statt. Ein Gefühl von Großer Weiter Welt. Kein Zweifel, hier, in den westlichen Teilen dieser von der Weltpolitik so geschundenen, zerstückelten und gequälten Metropole, waren die Menschen und ihre Gedanken sensibler und schneller als anderswo. Irgendwie abgeriegelt vom Rest der Welt und dennoch – trotz der Behinderungen durch die Zonengrenzen oder vielleicht auch gerade deswegen – nahe am Puls der Zeit. Hier war der Ort, hier war der Brennpunkt, an dem sich neue Ideen entzündeten. Hier ließen sich Künstler nieder, hier entstanden neue Projekte, Visionen der Zukunft. Hier musste man leben oder wenigstens manchmal sein, wenn man die Zeit und ihre Impulse begreifen wollte.

In diesem neuen Kino Zoo Palast, in dieser Stadt konnte man schon »Die Zwölf Geschworenen« sehen, ein Film, von dem der junge Mann viel gelesen und gehört hatte, doch bis er in der Kleinstadt nahe seines Dorfes ins Kino kommen würde, würde bestimmt noch ein Jahr vergehen. Der junge Mann staunt – und skizziert. Immer wieder hält er inne, nimmt seinen großen Skizzenblock, das Etui mit den Stiften aus seiner Aktentasche und zeichnet. Er versucht, alles festzuhalten, möglichst viel mitzunehmen von den Eindrücken, die ihn umgeben. Szenen, Gesichter, Details, das Plakat zu den »Zwölf Geschworenen«, die Fassade des neuen Kinos, den Kurfürstendamm.

Die erste große Reise seines Lebens, das erste Mal das Gefühl, an der Schwelle zum Erwachsenwerden zu stehen. Seine Freunde sparten ihr Geld, um nach

Italien zu fahren. Träume vom Meer. Auch er hatte das Meer noch nie gesehen. Auch er träumte davon. Vor allem um es zu malen, um es in seiner Abenteuerlichkeit zu erfassen. Aber das hier, Berlin, die wahre Hauptstadt, das Zentrum der Kunst in diesem Land, das war ihm wichtiger gewesen als alle Meere der Welt, und diese liefen ihm schließlich nicht weg. Er wusste, er musste jetzt genau hier sein und nirgendwo sonst. Wenigstens für ein paar Tage. Das war er sich selbst und seiner Zukunft schuldig, auch wenn er noch keine Ahnung hatte, wohin diese Zukunft ihn führen würde.

Beklommen denkt er an die Ungewissheit, die vor ihm liegt, und an das bisschen Geld in seinem Portemonnaie, zusammengespart über Monate. Er hatte viel dafür gearbeitet, Aushilfsjobs bei der Post und auf dem Hof des Onkels bei der Ernte. Jede Mark mühsam verdient.

Der junge Maler schüttelt den Gedanken ab so gut es geht; schließlich ist er jetzt hier, in Berlin, im Jetzt und Heute und das muss er ganz ausfüllen, so viel an Erfahrung, Eindrücken, vielleicht Kontakten mitnehmen wie möglich.

Er versucht, sich zu orientieren, die Straße, in der er sich befindet, irgendwie in Einklang mit dem Stadtplan zu bringen, den man ihm in der Pension überlassen hat, in der er wohnt. Das Geld für die Unterkunft hat er schon beiseitegelegt, um sicher zu sein.

Die Galerie hat man ihm eingezeichnet, dort hat er übermorgen früh einen Termin. Dafür ist er nach Berlin gekommen. Ein Adelsschlag, eine Auszeichnung. Er hatte mit der Kamera seines Vaters Fotos seiner Bilder angefertigt und an Galerien geschickt, um einen Anfang zu finden, um seine Aussage »Ich bin Maler« zu etwas Realem zu machen und nicht bloß zu einer leeren, lächerlichen Behauptung. Jeder konnte von sich behaupten, Maler zu sein, Künstler, aber man musste schon etwas dafür tun, um sich diesen Satz zu verdienen – und um sich ein Leben aufzubauen. Bisher hatte er das Gefühl, sein Leben lang nur darauf zu warten, dass »es« endlich losgehen möge, dass er erwache und plötzlich »im Leben stehe«, Maler sei. Aber während er wartete, zeichnete sich keine Richtung ab, kein klarer Weg.

2

Die Aufnahmeprüfung an der Kunstakademie stand ihm bald bevor, aber er hatte noch nicht den Mut gefasst, seinen Eltern davon zu erzählen. Er wollte warten, bis er zumindest aufgenommen war. Wie er das Studium finanzieren sollte, war ihm ebenfalls noch ein Rätsel, über das er momentan nicht nachdenken mochte. Er war gerade volljährig geworden. 21. Deutschland war im Aufbruch in eine neue Zeit, und er schwankte wie die Pappel im Wind auf der

Suche nach seinen Träumen. Dabei lag das Geld auf der Straße, so sagten sein Vater und sein älterer Bruder immer, wenn man nur clever genug war, es aufzulesen. Sein Bruder hatte sich schon ein ordentliches Auskommen als Buchhalter bei einem Autohändler gesichert; ein florierender Betrieb in diesen Zeiten. Er konnte eine Familie ernähren und zuversichtlich in die Zukunft blicken. Er aber war immer noch auf den Spuren diffuser Träume unterwegs. Das belastete ihn mehr, als es das sollte. Immerhin war er noch jung … Wann, wenn nicht jetzt, sollte er Träume haben?

Seine Familie war zwar immer begeistert von seinen Bildern, seinem Talent gewesen, aber sein Vater fand, dass das etwas für die Freizeit sei, ein Hobby, mehr nicht. Malerei als Beruf, das erschien ihm absurd, weltfremd, kindisch und auch überspannt. Kinder aus besserem Hause konnten sich das vielleicht leisten, Menschen, die nicht arbeiten mussten, aber nicht jemand wie er, sosehr er sein Talent auch bewunderte. Inzwischen übte sein Vater starken Druck auf ihn aus, endlich etwas Solides anzufangen. Aber alles, was der Vater »seriös« fand, kam dem jungen Maler einfach nur falsch vor. Nicht falsch im Allgemeinen, nur falsch für ihn, für sein Leben, für das, was ihn ausmachte. Seine Mutter fand seine Bilder und sein Talent einfach wunderbar und meinte, alles werde sich schon fügen.

Von Kindheit an hatte er nur eines gewollt, sich nur in einem stark und sicher gefühlt, hatte nur eines ihn glücklich gemacht: zu malen. Wenn er malte oder zeichnete, konnte er das, was er erlebte, besser verstehen, er machte es sich zu eigen. Er ordnete seine Welt, er nahm ihr den Schrecken, er hielt ihre Schönheit fest. Er beherrschte sie, er verlieh ihr Farbe und Form.

Er verlor die Angst, wenn er malte, Angst, die ihn ansonsten beherrschte, seit er denken konnte. Angst vor dem Krieg, den Bomben, Angst vor der Schule, in der er oft nicht mithalten konnte, gehänselt wurde, als verträumt und verstockt galt, vom Lehrer bestraft wurde. Angst vor den anderen Jungs, die stärker waren als er, die ihn im Sport und bei jeder Rauferei um Längen schlugen. Später auch Angst vor den Mädchen, an die er nicht herankam, die immer die starken Jungs bevorzugten, die, die wussten, worauf es im Leben ankam, die Sicherheit versprachen, Erfahrung hatten und sich einfach nahmen, was sie haben wollten. Angst vor den Anforderungen einer Welt, an der er jeden Tag immer wieder aufs Neue scheiterte – außer wenn er malte. Dann konnte er alles um sich herum vergessen, sich versenken, dann war er ganz bei sich, dann konnte ihm nichts etwas anhaben. Er malte die Landschaften seiner Seele, seiner Träume und seiner flirrenden, ihm immer wieder entgleitenden Zukunft. Er experimentierte mit Farben und Formen. Malte Gegenständliches und auch Abstraktes, gab den konkret gemalten Landschaften, Objekten, Gesichtern andere Farben, entfremdete, entlarvende Wirklichkeiten. Er experimentierte mit Stilen, malte für seine Bewerbungsmappe an der Kunstakademie alles, was er konnte, einfach um zu zeigen, dass er es konnte, dass er die Technik beherrschte.

Hände waren am schwierigsten, hatte Picasso einmal gesagt, also malte er Hände. In unterschiedlichsten Perspektiven. Junge und alte, Hände von Frauen und Männern, abgearbeitete, starke Hände und elegante, zarte derer, die noch nie körperlich hatten arbeiten müssen. Er hatte inzwischen eine ansehnliche Sammlung von Studien über Hände erstellt, auch diese in naturalistischen und den entlarvenden, verfälschten Farben, die einen noch länger innehalten, noch genauer betrachten ließen, die einem den Gegenstand näherbrachten, indem sie ihn auf den ersten Blick entfremdeten. Es ließ einen das, was man täglich sah, neu wahrnehmen, eröffnete eine ganz neue Sicht auf das scheinbar Vertraute, machte einem das scheinbar Bekannte fremd und damit neu zugänglich. Wenn er malte, beherrschte er seine Welt und doch war nichts, was er malte, beliebig. Man musste bestimmte Gesetze des Sehens einhalten, auch wenn man andere durchbrach, damit das Bild nicht beliebig und unästhetisch wirkte. Es gab Regeln und Gesetze des Zusammenspiels von Farbe und Form, der Aufteilung auf dem Papier, der Leinwand. Er hatte sie nirgends gelernt, er fühlte sie instinktiv, ein bisschen wie das absolute Gehör eines Musikers, gepaart mit dem richtigen Gefühl für Rhythmik, Intonation und Musikalität.

Er hatte sich nie darüber gewundert, dass er diese Dinge intuitiv erfasste. Ihn wunderte lange Zeit hindurch eher, dass andere das nicht genauso wussten, dass es nicht jeder konnte, dass er schon für seine Kinderbilder von der Umgebung so bewundert wurde.

Er suchte Zuflucht in den Biographien aller Maler, die er finden konnte. Er las alles über ihr Leben, ihre Empfindungen, ihren Lebensweg, ihre Bilder. Er verbrachte Stunden, ganze freie Nachmittage im Museum der nächstgrößeren Stadt, er studierte die Bildbände großer Malerei immer und immer wieder, nicht um zu kopieren, sondern um zu verstehen, einzuordnen, Vertrauen in den eigenen Weg zu finden. Nicht dass er sich mit Picasso verglich oder mit Klimt, aber es tat gut, eigene Gefühle und Gedanken in deren Leben und Bildern wiederzufinden, eigene Sorgen und Probleme dort gespiegelt und gelöst zu sehen, zu wissen, dass so ein Weg gelingen konnte, wenn man es wirklich wollte, konnte und das nötige Glück hatte.

Oft ertappte er sich bei dem Gedanken »… wenn ich erst einmal erwachsen bin …«, doch er *war* längst erwachsen, zumindest auf dem Papier, und sein Vater erwartete von ihm, das auch zu sein.

Und eines weiß er, vielleicht war es ihm noch nie so bewusst wie in diesen Stunden: er wird als Maler leben, egal, was die Familie von ihm erwartet. Er wird mit der Malerei auf- oder untergehen. Wenn er den Durchbruch nicht schaffte, würde es sicher immer wieder dennoch Menschen geben, die ihm das eine oder andere Bild abkaufen würden, weil sie es hübsch fanden. Er könnte im Notfall Gebrauchsmaler werden, eventuell für die Werbung oder auch für eine Zeitung. Und selbst wenn er als Straßenmaler endete, würde er glücklicher sein als in irgendeiner Firma am Schreibtisch. Das musste er seiner Familie vermitteln. In diesen Tagen in Berlin möchte er sich darüber klarwerden, wie das gelingen kann, so beschließt er.

Wenigstens die Kamera hatte der Vater ihm geliehen, damit er seine Bilder ablichten und versenden konnte, auch wenn er ihn spüren ließ, dass er die Idee für keine gute hielt und die Zeit, die er damit »vertrödelte«, für verloren. Früher oder später müsse er sich ohnehin einem normalen Beruf stellen, so fand der Vater und meinte es nur gut dabei.

3

Monate des Wartens vergingen, nachdem er die Galerien angeschrieben, Fotos von seinen Bildern dazugelegt hatte.

Die Fotos zu machen, war ihm schwergefallen. Er mochte das Medium nicht, es erfasste das Wesen der Dinge viel zu flach, gleichförmig, es setzte zu wenig Akzente, lichtete einfach nur ab, statt zu interpretieren. Aber schließlich musste er die Bilder ablichten, um sich zu bewerben, und irgendwie war es ihm auch gelungen.

Viele dicke Umschläge kamen als Antwort, man schickte ihm wenigstens die Fotos dankend zurück, so konnte er sie weiter verwenden. Man nehme derzeit keine neuen Künstler auf, stand dann in den Schreiben. Man erkenne und bewundere sein Talent, aber er solle erst einmal eine solide künstlerische Ausbildung absolvieren und einen eigenen Stil finden, vorerst könne man nicht helfen, aber man wünsche ihm alles Gute.

Und dann irgendwann, als er schon nicht mehr damit gerechnet hatte, ein dünner Brief. Aus Berlin. Kurz und knapp verfasst: Seine Bilder hätten sehr gut gefallen, falls er es einrichten könne, nach Berlin zu kommen, würde man sich sehr über ein Kennenlernen freuen. Man sei immer auf der Suche nach neuen Talenten. Er möge bitte wenn möglich seine Arbeiten oder auch weitere Fotos seiner Arbeiten mitbringen. Man verbleibe mit besten Grüßen.

Seine Mutter hatte ihm den Hochzeitsanzug des Vaters enger gemacht, so dass er ihm passte. Nur die Hosen waren etwas zu kurz, aber es musste eben gehen, fiel kaum auf. Stolz hatte sie sich am Bahnhof von ihm verabschiedet. Der Zug brachte ihn über Salzburg zum Flughafen München. Der erste Flug seines Lebens, allein das schon ein Erlebnis, das er niemals vergessen würde. Er flog mit PanAm, der einzigen Airline, die in Berlin landen durfte, in einer Super Constellation nach Tempelhof. Ein Nachtflug, erst nach Mitternacht, so kostete es wesentlich weniger als ein Flug bei Tag. Ohrenbetäubender Lärm beim Start. Rütteln, Feuerstöße aus den vielen Auspuffrohren aller vier Motoren. Es hatte ihn erschreckt, so hatte er sich fliegen nicht vorgestellt. Die Stewardess versicherte ihm, es sei alles in Ordnung und ganz normal. Glühende Rohre aus den Motoren den ganzen Flug hindurch, den er dann doch noch genießen konnte. Das Glühen und Leuchten der Rohre konnte man bei Tag nicht sehen, aber bei einem Nachtflug wie dem seinen war es faszinierend, wenn man sich erst einmal daran gewöhnt hatte. Und dann Berlin aus der Vogelperspektive, die Lichter der riesigen Stadt, die Landung. Die Taxifahrt durch die Metropole, die auch nachts lebendig war.

Er kam sich wichtig vor mit seiner Mappe mit den Bildern unter dem Arm, dem Anzug, der Aktentasche und dem Köfferchen mit Wäsche und Waschzeug. Wie ein Geschäftsreisender fühlte er sich, zum ersten Mal unterwegs zu einem wirklich wichtigen Termin, vielleicht sogar zum Erwachsenwerden.

Doch heimlich machte er sich Sorgen, wenn er an die Bilder in seiner Mappe dachte. Nur wenige hatten seinem kritischen Blick standgehalten, als er die Auswahl für diesen großen Termin treffen musste. Plötzlich waren ihm die meisten seiner Arbeiten nicht mehr gut genug gewesen. Plötzlich sah er sie mit dem fremden, kritischen Blick der Kenner. Hier die Farben zu gewagt, dort die Gesamtkomposition nicht glücklich gewählt, ein Hintergrund nicht sorgsam genug gezeichnet, Motive zu naiv. Er experimentierte zu sehr mit verschiedenen Stilen, mal konkret, mal abstrakt. Dass ihm die Technik keine Grenzen setzte, hatte ihn zu ausufernd experimentieren lassen. Er hatte zeigen wollen, dass er sowohl etwas Konkretes wie auch gegenstandslos, abstrakt malen konnte, aber nun konnte man sehen, dass er natürlich seinen Stil, seine Sprache noch nicht gefunden hatte. Er konnte seine Vorbilder in jedem einzelnen Bild erkennen. Hier war er von Picasso beeinflusst, dort von Dalí oder Cezanne, von Munch oder Schiele, von Renoir oder Monet, Klimt oder Degas oder seinem Lieblingsmaler Magritte. An den Bildern René Magrittes konnte er sich nicht sattsehen. Er liebte seine grandiose, klassische Maltechnik, angewandt auf völlig unrealistische Motive, als würde man einen Traum, einen Gedanken sehen. Ein ständiges Spiel mit Phantasie, Wirklichkeit, Abbild. »Ceci n'est pas une pipe«, »Dies hier ist keine Pfeife« unter ein realistisches Bild einer Pfeife geschrieben. Menschen mit Anzug und Zylinder, irgendwie erstarrt wie Holzfiguren über Häusern und vor Fassaden schwebend. Ein Mann von hinten vor einem Spiegel, der wieder seinen Hinterkopf zeigt. Ständiges Spiel mit Wirklichkeiten, aber alles immer in strengem Realismus gemalt.

Schließlich kam es nur darauf an: eines Tages erkennbar und einzigartig zu sein, eine eigene Deutung der Wirklichkeit vorzulegen, etwas Neues zu schaffen. Vielleicht hätte er zumindest die konkreten Bilder aussortieren sollen. Niemand brauchte heutzutage mehr einen Maler, der die Wirklichkeit detailgetreu und unverfälscht abbildete. Dafür gab es schließlich die Fotografie. Aber er musste doch zeigen, dass er auch das konnte, nicht nur abstrakt seine eigenen Formen gestalten.

Andererseits: Der Galerist hatte seine Bilder auf den Fotos gemocht. Das war doch ein gutes Zeichen, und er versuchte, sich damit zu beruhigen.

In seiner Kindheit war es so einfach gewesen. Er hatte alles, was er erlebte, was ihn bedrückte, zu Papier gebracht. Es war alles so natürlich gewesen, eine Sache nur zwischen ihm und den Farben, Stiften, Pinseln. Für niemand anderen bestimmt und nicht dazu auserkoren, ihn zu einem anderen Menschen zu machen, ihn wichtig sein zu lassen, ihm eine Bestimmung zu geben. Er hatte einfach gemalt, weil er es musste und konnte, und alle waren begeistert. Freunde, Lehrer, auch die Eltern. Er wurde bestaunt.

Aber zu Hause gab es nichts mehr, was seinem Blick neu war, ihn innehalten, etwas festhalten ließ, um zu verstehen. Das würde er dort erst wieder finden, wenn er weg gewesen, wenn er anderes gesehen und gemalt, wenn er ein Stück weit fremd geworden wäre.

Doch hier, in dieser Stadt, sah er an jeder Ecke, jeden Augenblick die Motive, die er malen wollte, Eindrücke, die ihn inspirierten. Manchmal nur Farben, Maserungen, Lichter, Bewegungen, Töne. Die Gesichter der Menschen, die irgendwie ganz anders schienen als die zu Hause, einen ganz anderen Ausdruck, ein anderes Leuchten, auch eine andere Schwere zu haben schienen. Weniger abgeklärt, festgefahren, verschlossen. Irgendwie offener, neugieriger, auch angespannter. Vielleicht bildete er sich das aber auch nur ein.

Aber auch die Fassaden faszinierten ihn, schienen ihn dazu aufzufordern, sie zu malen, die neuen und die zerstörten, den Blick der Menschen auf sie zu lenken. Die Cafés, in denen das Leben bis auf die Straße pulsierte und in denen er sich einen Besuch nicht leisten konnte. Die Autos, die die neue Zeit, den neuen Reichtum derer zeigten, die schon etwas aus sich gemacht hatten. Die Straßenmusiker, die es zu Hause nicht gab, so wenig wie die Türsteher, die versuchten, Passanten anzulocken, von denen sie sich Umsatz versprachen, und andere abwiesen, die ihnen nicht in das feine Lokal zu passen schienen. Die amerikanischen Soldaten überall, die trotzig die Freiheit in dieser Inselstadt zu verteidigen hatten, die Grenzen mitten in der Stadt, die Schlagbäume und Warnschilder »Achtung, Sie verlassen jetzt West-Berlin« an die man sich anscheinend gewöhnt hatte.

Immer wieder hält er inne, malt, skizziert, von

Passanten neugierig beäugt. Man schaut ihm über die Schulter, vergleicht das, was er zeichnet, mit der Wirklichkeit. Man staunt, freut sich. Ein jüngerer Mann, gutgekleidet, fragt ihn, wie viel er für eines der Bilder haben wolle. Er wünschte es sich als Geschenk für seine Verlobte. Er verkauft es ihm für 20 Mark. Sein erstes verkauftes Bild. Ein gutes Omen.

Seit vielen Stunden schon war er unterwegs. Dämmerung. Zeit, ein Lokal zu finden, in dem er sich ein Abendessen leisten kann. Er muss mit seinem Geld haushalten.

Als er nach der zerstörten Gedächtniskirche eine Weile die Kantstraße entlangschlendert, fällt ihm ein Schriftzug in die Augen, »Paris Bar«, in geschwungenen roten Leucht-Lettern. Die Tür steht offen. An den Wänden Bilder unterschiedlichster Stile vereint nebeneinander. Es wirkt wie in einem ungeordneten Museum. Das lockt seine Neugierde an.

Es sind einige Tische frei. Er sucht sich einen kleinen in der Ecke aus, von dem aus er einen guten Überblick hat. Fasziniert sieht er sich um, betrachtet die in warmem Rot gestrichenen Wände, die originellen Bilder, die er so noch in keinem Bildband und keinem Museum gesehen hat. Verstohlen linst er in die Speisekarte. Die Preise sind erstaunlich human. Offensichtlich ein Künstler- und Studenten-Treffpunkt. Erleichtert entspannt er sich, zündet sich eine Zigarette an, nimmt seinen Skizzenblock, zeichnet das Lokal, die Bilder an den Wänden, das Publikum.

Er beschränkt sich auf wenige Striche, die sofort das gesamte Bild abstecken, charakterisieren.

Im Radio im Hintergrund leise die Swing-Musik der Zeit, der Sender RIAS Berlin. Der junge Maler genießt die Bigband-Klänge und fragt sich, ob man hier wohl morgen auch das Endspiel um die Deutsche Fußballmeisterschaft hören könnte. Immerhin spielte Borussia Dortmund gegen seine Lieblingsmannschaft, den HSV, und dieses Spiel wollte er unbedingt irgendwo hören.

4

»Was darf's denn sein?« Ein freundlich lächelnder Kellner steht vor ihm. Sein Gesicht ist alles andere als gewöhnlich. Es sind Züge, die einem im Gedächtnis bleiben. Ein irgendwie alterloses Gesicht mit einem natürlichen Lächeln. Er mochte in seinem eigenen Alter sein, vielleicht zwei oder drei Jahre älter, Mitte zwanzig, aber sein Haar war bereits schütter und so gekämmt, dass es eine Glatze auf dem oberen Kopf verdecken sollte – und doch nur noch mehr auf sie aufmerksam machte. Scheitel ganz tief über dem Ohr und die Haare unnatürlich zur anderen Seite gekämmt. Es machte ihn fehlbar, menschlich, fast bizarr. Ein Gesicht, das man sofort zeichnen mochte, voll Persönlichkeit und Selbstironie.

»Was empfehlen Sie denn?«

»Ich würde Ihnen zum Steak Minute raten. Eine Spezialität des Hauses, kurz gebraten. Mit Pommes frites und einem grünen Salat.«

Der junge Maler schielt in die Speisekarte, kann es sich leisten und nickt. Dazu bestellt er ein Glas Rotwein.

»Neu in der Stadt?«, fragt der Kellner, als er den Wein bringt.

Der junge Maler nickt. »Ja, mein erster Abend in Berlin.«

»Na, wenn das kein Grund zum Feiern ist. Berlin ist eine Reise wert, nicht wahr.« Man kann ihm den Stolz auf »seine« Stadt förmlich ansehen.

Der Wein schmeckt einfach wunderbar, und der junge Maler kommt sich zum ersten Mal in seinem Leben erwachsen vor. Er ist in Berlin, dem Zentrum der Zeit, er sitzt allein in einer Bar, trinkt Rotwein, skizziert. Er ist im Reinen mit sich wie selten in seinem Leben.

Was auch immer die Zukunft, die nächsten Tage bringen mögen, dieses Lebensgefühl ist es, nach dem er streben möchte. Maler zu sein, das selbstbewusst aussprechen und ausüben zu können und dabei Lebenskultur leben zu können wie in diesen Stunden, das möchte er sich bewahren. Und immerhin hatte er heute sein erstes kleines Bild verkauft, das war doch ein guter Anfang für diesen Weg.

»Das sind ja wunderbare Bilder!« Der Kellner steht mit dem Teller neben ihm, er hatte ihn gar nicht wahrgenommen, so vertieft war er in seine Skizze des Lokals, die er schnell zur Seite räumt, um Platz für das Essen zu schaffen.

Der junge Maler lächelt: »Nein, nein, das sind noch keine Bilder, nur Skizzen, Studien. Ich halte einfach meine Eindrücke fest für später. Das hilft mir, die Dinge klarer zu sehen. Eine Marotte.«

Der Kellner nickt. »Es muss großartig sein, so zeichnen zu können. Ein großes Geschenk des Lebens« und serviert ihm sein Steak, gießt Wein nach.

Eigentlich hatte der junge Maler vorgehabt, nach dem Essen bald in seine Pension zurückzukehren, die Eindrücke des Tages zu verarbeiten, aber irgendetwas hält ihn in der Paris Bar. Die Atmosphäre, die Musik, der Rotwein, vor allem aber auch die kurzen Gespräche mit dem Kellner.

Er betonte immer wieder: »Ich bin Kellner, ich verstehe nichts von Malerei, aber ich liebe die Bilder hier an den Wänden. Ich fühle etwas, wenn ich sie mir anschaue. Manche wirken fast jeden Tag irgendwie ein bisschen anders, als würden sie sich mit dem Licht, den Gästen, der Stimmung hier verändern. Manchmal fällt mir an einem Bild, das ich schon lange kenne und schon lange nicht mehr richtig angesehen habe, plötzlich etwas Neues auf. Das finde ich spannend. Vielleicht ist das aber auch absurd.«

Immer wieder schielte er auf die Skizzen des jungen Malers. – »So wie Sie mit dem Stift umgehen, das berührt mich.« Und nach einer Pause fügte er mit ruhiger, überzeugender Stimme hinzu: »Sie sind ein großer Meister, Sie werden sicher einmal einer sein. Die Welt wird das erkennen, Sie werden sehen. Ich sage das einfach mal so.«

Der junge Maler lachte und tat die Bemerkung als unsinnig ab, auch wenn sie ihm natürlich schmeichelte. Noch nie hatte ihn jemand so selbstverständlich als Maler behandelt wie dieser junge Mann. Zu Hause war er vor allem der Sohn seiner Eltern, der Freund seiner Freunde, sein Lebensweg war für sie auch mit Sorgen behaftet und seine Berufung keineswegs unabänderlich. Der Kellner hier aber kannte ihn nur als Maler. Nicht als Freund, nicht als Schulkollege, nicht als Sohn, nicht als jemand, der vielleicht Wirtschaft studieren könnte oder bei einer Versicherung Karriere machen. Für den Kellner war er ein Maler und nichts anderes. Er war herausgelöst aus seiner Vergangenheit, einem Bildnis, gewachsen über sein ganzes bisheriges Leben. Das gab ihm ein neues, gutes Gefühl und schenkte ihm Sicherheit.

»Ich beneide Sie darum, sich so mit wenigen Strichen ausdrücken zu können, aber ich beneide Sie nicht um den Lebenskampf, der auf Sie zukommt.«

Viele der Bilder an den Wänden waren von unbekannten Malern als Gegenleistung für Essen und Wein gemalt worden. Maler, die Talent hatten, einen eigenen Blick, die Technik beherrschten und die doch um ihren Lebensunterhalt, ihre Gegenwart kämpfen mussten, nicht nur um ihre Zukunft.

»Mein Leben ist da etwas ganz anderes«, meinte der Kellner. »Ich habe mein sicheres Auskommen, ich kann etwas für die Menschen tun. Ich habe hier, in dieser Bar, letztlich mein Zuhause. Kein Tag ist wie der andere, jeden Tag kommen andere Menschen hierher, jeder Tag ist spannend und vor allem: – Jeder Gast ist wichtig.«

Der Kellner war noch nie aus Berlin weg gewesen. Wozu auch? »Ich habe hier alles, was ich brauche, ich bin in der wunderbarsten Stadt der Welt. Sie hat viele Wunden, da braucht sie doch Menschen, die hierbleiben und ihr helfen, gesund zu werden. Und wohin soll ich denn reisen? Was soll ich woanders tun?« Er hatte tatsächlich nie einen Tag Urlaub genommen und war auch noch nie krank gewesen. »Mir würde etwas fehlen, wenn ich einmal nicht hierherkäme. Hier ist alles, was ich brauche und was ich sein will. Wenn's nach mir geht, gehe ich niemals von hier weg. Auch nicht in irgendeinen Urlaub. Das finde ich sowieso blöd.«

So einfach und klar konnte also ein Lebensentwurf sein. Ein Stück weit beneidete der junge Maler den jungen Kellner um seine Klarheit. Er ruhte in sich, er war erwachsen, er hatte seine Rolle, seinen Lebensraum gefunden. Das war mehr, als er selbst vorweisen konnte – aber auch viel weniger, als er selbst wollte. Der Kellner hatte für dieses Angekommensein keine Träume, Ziele, Wünsche aufgeben, keine innere Unruhe beiseiteschieben müssen. Irgendwie würde er das seinen Eltern erklären, wenn er wieder zu Hause war. Und außerdem: Er war erwachsen, was kümmerte es ihn eigentlich, was seine Eltern dachten?

Dann sprach man über Fußball, das Spiel am nächsten Tag, das natürlich hier im Radio übertragen werden würde. Er reservierte wieder den gleichen Tisch. »Ich freue mich, wenn Sie morgen wiederkommen, großer Meister«, lächelte der Kellner ohne Ironie.

An diesem Abend war er der letzte Gast.

5

Am nächsten Tag fühlte der junge Maler sich schon ein bisschen weniger fremd in der großen Stadt. Er hatte ein Ziel, er wusste, wohin er gehen, wo er ein gutes Essen für wenig Geld bekommen, das Fußballspiel hören und sich unterhalten konnte. Eine kleine Heimat in der Fremde, ein Orientierungspunkt.

Dortmund gewann das Spiel gegen den HSV überlegen mit 4:1. Zwei Tore von Kelbassa, zwei von Niepieklo und der amtierende Meister Dortmund hatte seine Führungsrolle im deutschen Fußball bestätigt und wie schon im Jahr zuvor gegen Hamburg gewonnen. Auch das Gegentor von Gerd Krug konnte nichts daran ändern. Der Kellner tröstete den jungen Maler mit einem Glas Wein »auf Kosten des Hauses«, auch wenn ihm das Ergebnis des Spiels eigentlich egal war. Alles außerhalb Berlins spielte keine große Rolle im Kosmos seines Lebens, nicht einmal der HSV.

Der junge Maler nahm es als gutes Omen für seinen Termin. Sein Team hatte verloren, aber er würde siegen und selbst wenn nicht: Der HSV würde weiterspielen, weiter hoffen, weiter seinen Weg gehen, und genau das würde auch er tun.

Der Kellner war ihm inzwischen zum wichtigsten Gesprächspartner, fast zum Freund geworden, der erste Mensch, der ihn einfach als Erwachsener und als Maler kannte. Seine Geschichte mit ihm hatte im Hier und Jetzt begonnen, er bildete sich nicht ein, ihn besser zu kennen als er sich selbst und mehr über ihn zu wissen, als er in diesen Tagen ausstrahlte und erzählte. Für ihn war er der, der er hier und heute war, und das tat gut. Er freute sich schon auf den nächsten Besuch »bei ihm«, das nächste Steak Minute, das nächste Gespräch. Er freute sich darauf, ihm von seinem Besuch in der Galerie zu erzählen, wie immer es ausgehen mochte. Es gab in dieser Stadt jemanden, der sich dafür interessierte, der mit ihm bangte und ihm die Daumen drückte und für den das selbstverständlich war.

6

Vor dem Besuch in der Galerie war er erstaunlich ruhig, auch wenn er in der Nacht davor schlecht geschlafen hatte. Es war wichtig, aber es hing nicht mehr sein ganzes Leben, seine Zukunft, sein Selbstbild davon ab, seit er sich hier in Berlin über das klargeworden war, was ihm wichtig war im Leben und in seiner Zukunft.

Der Galerist war sehr herzlich, ein Mann in den besten Jahren, locker und modern gekleidet, weltoffen und erfahren. Mit Kennerblick studierte er seine Arbeiten, fragte ihn nach dem, was ihm wichtig war, sortierte aus, erklärte, warum er das eine Bild für eigenständig hielt und das andere nicht, bewunderte seine Technik und machte ihm Mut.

Er wollte sechs Bilder für eine Ausstellung junger Maler, die er im Winter plante. Nicht in Berlin, sondern in Köln, in einer Dependance, die er dort für junge Künstler gründen wollte. Eine Chance. Er freute sich, ihn dann wiederzusehen, aber bis dahin müsse er unbedingt einen Platz an der Kunstakademie haben. Er solle seine brillante Technik weiterentwickeln oder in die richtigen Bahnen lenken – in den Händen erfahrener Pädagogen. Er musste mit Hilfe der Mentoren dort seinen Stil finden, das sei unabdingbar, dann könne er es weit bringen, er sei ein großes Talent, aber Talent müsse auch geschult und ausgebildet werden.

Fast hüpfend vor Freude eilte er in die Paris Bar. Der junge Kellner lachte mit ihm, umarmte ihn voll spontaner Begeisterung: »Ich hab's doch gesagt! Ich hab's gewusst, großer Meister!« und es tat gut, diesen Erfolg mit ihm zu teilen, ebenso wie die Ereignisse der nächsten Tage, seine Eindrücke aus den Berliner Museen und vom Kinobesuch der »Zwölf Geschworenen«, zu dem er sich eine Karte leistete. Er würde der Erste in seinem Dorf sein, der diesen Film gesehen hatte und davon erzählen konnte.

Die Paris Bar war sein Zuhause in der Fremde geworden, der junge Kellner sein Vertrauter auf Zeit. Er diskutierte mit ihm die kürzlich beschlossenen Römischen Verträge, die Gründung der Europäischen Wirtschaftsgemeinschaft, die Gleichberechtigung zwischen Mann und Frau, die gerade gesetzlich festgelegt worden war, das neue Tempolimit, das 50 km/h in Städten als Höchstgeschwindigkeit vorschrieb, und den Status von Berlin, in dem das Grundgesetz der BRD galt, wie das Bundesverfassungsgericht gerade festgestellt hatte.

Er fragte ihn, wie es sich lebte in dieser Stadt der vier Mächte und Zonen, abgeriegelt vom Rest der Welt, und welche Zukunft er für Berlin sah.

»Der Kraft und Lebendigkeit dieser Stadt kann nicht einmal das etwas anhaben«, meinte dieser. »Und die Politik dieser Welt kann ja auch nicht dauerhaft so idiotisch sein, diese lächerliche Teilung beizubehalten. In ein paar Jahren ist das alles Geschichte, man wird das lösen. Wir werden das noch erleben, nicht wahr, großer Meister?«

Der junge Maler hatte dem Kellner mehrfach gesagt, dass er ihn nicht so nennen solle, dass er sich dabei absurd vorkomme, aber der Kellner hatte darüber nur die Achseln gezuckt. »Sie sind ein großer Meister, Sie wissen es nur noch nicht. Ich nenne Sie so, weil Sie es verdienen.«

Jedes Mal, wenn er kam, war »sein« Tisch schon bereit, der Kellner begrüßte ihn fröhlich und fragte »Dasselbe wie immer, großer Meister?«

Jeden Tag aß er in der Paris Bar sein Steak Minute mit Pommes frites und grünem Salat und trank das eine oder andere Glas Rotwein. Nie wäre es ihm in den Sinn gekommen, ein anderes Lokal zur Abwechslung zu suchen oder etwas anderes zu bestellen. Er liebte diese Stunden.

Gemeinsam mit dem Kellner erörterte er die Welt und die Stadt und fand mehr und mehr zu eigenen Ansichten, eigenen Hoffnungen, eigener Klarheit. Die Tage in dieser Stadt veränderten ihn, ließen ihn erwachsen werden.

Nach einer Woche war die Zeit des jungen Malers in Berlin abgelaufen, der Rückflug nach München gebucht, wieder ein Nachtflug. Der letzte Abend in der Bar, die letzten Gespräche mit dem jungen Kellner. Er konnte sich noch gar nicht vorstellen, dass sein Leben nun wieder anderswo weitergehen würde.

Zum Abschied schenkte er dem Kellner das Porträt, das er von ihm gezeichnet hatte, vor dem Hintergrund der Paris Bar. Er bedankte sich mit einer Umarmung und Tränen in den Augen. Dann gingen sie beide ihrer Wege in eine unbekannte Zukunft. Wieder war er der letzte Gast.

Im Flugzeug wurde dem jungen Maler klar, dass er nicht einmal den Namen seines Freundes kannte und er nicht den seinen. Eine Freundschaft ohne Namen, ohne Identität, ohne Zukunft. Jeder ging seines Weges.

II.
Berlin, Dezember 2011

1

Prachtvoll und chaotisch präsentiert sich »Unter den Linden« im Lichtermeer des anstehenden Weihnachtsfests. Kein Baum, kein Fenster ohne Lichtschmuck. Menschen flanieren über die Edelstraße, die Ost und West verbindet. Im Zauber der Stadt wirken sie wie Figuren aus einer perfekten Welt. Die Narben der Geschichte sind äußerlich geschlossen.

Man kann nicht einmal mehr erahnen, wo einst die Mauer, die Zonengrenze verlief, wo alle Träume an brutale Grenzen stießen und Menschen ihren Freiheitsdrang immer wieder mit dem Leben bezahlten. Man hat sich alle Mühe gegeben, die Spuren zu verwischen. Nur an wenigen Stellen kleine, versteckte authentische Erinnerungen. Einige Stücke der Mauer, die original erhalten sind und als Mahnmal dienen. An anderen Stellen laut schreiende Mauerwände der Popkultur. Im Osten aufgestellt, im Auftrag der Stadt von Künstlern edel bemalt. Attraktiv, bunt, nicht authentisch. Aus dem Terror-Regime ist inzwischen auch so etwas wie Folklore erwachsen mit Studenten in alten Armee-Uniformen, die sich gegen Geld mit Touristen ablichten lassen und so ihr Monatsbudget aufbessern. An manchen Stellen wirkt es fast so, als wäre die Mauer auch etwas Schönes, Kunstvolles gewesen, die eingeengten Träume eine Quelle der Inspiration und Kreativität.

Der alte Mann genießt die Taxifahrt durch die Stadt. Vor ihm das Brandenburger Tor mit der Quadriga. Das Symbol der Teilung und der Wiedervereinigung gleichermaßen. Unvergessen die Fernsehbilder von Menschen in jenen Novembernächten, deren Lebenstraum sich erfüllte, indem sie durch dieses Tor spazieren durften, das ihnen immer verschlossen gewesen war. Plötzlich frei. Diese neue Freiheit dann mit einem neuen Leben, neuen Entscheidungen auszufüllen, misslang allzu oft, und der alte Mann kann das gut verstehen. Das Leben will gelebt und erfüllt werden, Tag für Tag. Das war ein Anspruch, auf den man vorbereitet sein oder zu dem man sich selbst erziehen musste. Oft scheiterte man schon an den kleinen Herausforderungen des Alltags, und allzu oft war den Träumen und Plänen der Menschen jede Magie genommen, nachdem die Mauern eingerissen waren, die sie vorher in ihrer Phantasie zu überwinden versuchten. In der Wirklichkeit erschöpfte sich das Glück ihrer Freiheit dann allzu oft an Reisen nach Mallorca oder Einkäufen im Kaufhaus des Westens, solange ihr Einkommen das zuließ. Für viele hatten sich die Träume erschöpft, als die Grenzen verschwunden waren, die sie zu halten schienen. Und immer wieder sehnten sich zu viele nach diesen Grenzen zurück, die ihnen Sicherheit und Führung gaben – und unter denen sie jung waren und das Leben vor ihnen lag.

Der alte Mann hat viele dieser Träume gemalt. Phantastische Bilder voll leuchtender Kraft, realistisch und doch schwebend und seltsam entrückt, so hatte man es in jenem Brief genannt, der begründete, warum er für den wichtigsten europäischen Kunstpreis der Gegenwart auserkoren worden war.

Für ihn hatte alles mit Berlin angefangen, auch wenn das kaum jemand wusste. Seit den fünfziger Jahren war er nie mehr länger hier gewesen. Meistens nur auf der Durchreise, kurze Nächte zwischen einem Fernsehinterview und einer Ausstellungseröffnung, einer Podiumsdiskussion und einem Gastseminar. Doch die Stadt hatte sich damals, in seiner Jugend, in seine Seele eingebrannt. Unauslöschliche Eindrücke ersten Erwachsenseins, erster Lebenspläne, erster Unabhängigkeit.

Sein Leben hatte sich überschlagen, und es kam ihm heute vor wie ein Wimpernschlag. Die Ausstellung damals in Köln, die der Galerist ihm vermittelt hatte, hatte hohe Wogen geschlagen. Er hatte dort auch Bilder ausgestellt, die aus den Skizzen entstanden waren, die er in Berlin angefertigt hatte. Studium zuerst in seiner Heimat Österreich, dann in den Metropolen der Welt dank Stipendien und Mäzenen. Galerien weltweit, die ihn ausstellten. Er kam mit dem Malen kaum hinterher. Bevor er selbst begriffen hatte, dass er es geschafft hatte, hatte er Schüler, Professuren, galt bald als Malergenie, als einer der wichtigen optischen Deuter der Gegenwart. Dabei hatte er sich nicht gescheut, auch Filmplakate zu malen, was ihm zwischendurch heftige Kritik einbrachte. Sein großes Thema waren immer wieder die Träume von Freiheit. Seine Familie hatte ihn und sein Leben nie wirklich verstanden, aber sie war unendlich stolz auf ihn. Man hatte sich wenig zu sagen, aber das mit Freude. Fremde Begegnungen einer abgelebten Nähe, die sich nicht mehr erfüllte. Inzwischen waren die Eltern längst verstorben. Mit seinem Bruder hatte er wenig Kontakt.

Die Jahre danach hatte er in Paris, London, Wien und New York verbracht. Einige Monate auch in Venedig, weil ihn die heitere Morbidität und Melancholie, der trotzige Lebenswille dieser Stadt ansprach. Aber er hatte schnell gemerkt, dass die Touristen mehr und mehr dabei waren, die Stadt zu vernichten, und hatte sich wieder zurückgezogen.

Am längsten hatte er jedoch in New York gewohnt, wo er heute noch lebte. Er hatte sich ein Apartment am Central Park gekauft und staunte täglich über den sich immer wieder ändernden Blick über die Stadt, den Park und das Wasser dahinter. New York, das war »seine« Stadt. Immer am Puls der Zeit, der Kunst. Er liebte diese Rastlosigkeit, die Kultur, die nah am Publikum war, weil sie ohne Subventionen auskommen musste, die positive Energie, das Vorwärtsdenken dieser Stadt, das kulturelle Miteinander. Vieles davon erinnerte ihn an Berlin. Und wenn er etwas in New York vermisste, dann die Kultur Europas, die echte Tradition.

2

Heute hier zu sein. Im Zentrum dieser europäischen Kultur, Berlin ganz bewusst zu erleben, direkt am Brandenburger Tor in einem der edelsten und berühmtesten Hotels der Stadt zu wohnen, im Adlon, das erfüllte ihn mit Freude.

Beinahe ein ganzes Leben lag zwischen damals und heute. Zwischen dem jungen Mann von einst, den Tagen, in denen sein erwachsenes Leben begann, und ihm, der es heute interpretiert. In Augenhöhe schaut er aus seinem Hotelzimmer auf die Quadriga, das Brandenburger Tor, die Lichter, die Menschen hier. Und trotz allem, was er erlebt hat, hat er die Zeit nicht vergessen, in der es ihm darauf ankam, mit wenigen D-Mark auszukommen, in denen die Welt da draußen ihm eher Kulisse war denn Einladung zur Teilnahme und in denen der junge Kellner ihm für einige wichtige Wochen ein Freund gewesen war. Mehr als ein halbes Jahrhundert war das nun schon her. Menschen, die damals geboren wurden, waren jetzt schon in ihren besten Jahren oder darüber hinaus, hatten ihrerseits Kinder, Enkelkinder.

Ein beklemmender Gedanke. Wo das Leben den Kellner von damals wohl hin verschlagen hatte? Ob er überhaupt noch lebte? Warum hatte er nie mehr nach dem Lokal, dem Mann gesucht? Wie hieß denn das Restaurant mit dem französischen Namen in der Kantstraße überhaupt? Er weiß es nicht.

Er fühlt sich glücklich, geborgen und ein wenig verloren an diesem Vorweihnachtsabend allein in dieser verzauberten Stadt. Diese Stunden, diese Lichter musste man eigentlich gemeinsam mit einem anderen Menschen erleben. Die Frau, die er liebte, hatte noch in Wien zu tun. Dass er nach den beiden Scheidungen endlich eine Partnerin gefunden hat, die sein chaotisches Künstlerleben nicht abschreckt, sondern bereichert, empfindet er als großes Glück. Sicher half aber auch sein Alter, die größere Gelassenheit, die etwas kanalisierte Unruhe seines Lebens, um endlich bei einem Menschen zu Hause sein zu können.

Seine beiden Ehen waren letztendlich an zu unterschiedlichen Erwartungen und Lebensentwürfen gescheitert. Im Grunde hatte er beide Male schon auf dem Standesamt gewusst, dass es ein Fehler war, und irgendwie hatte er es doch nicht geschafft, dem Schritt zu entkommen. Doch das alles lag hinter ihm. Er genießt auch die Melancholie dieses Alleinseins an diesem Abend in dieser Stadt.

In der großen, berühmten Hotelbar hat er Austern, Champagner und Kaviar bestellt. Ein Abend, den er feiern möchte. Dass er sich das alles jetzt leisten kann, ohne darüber nachzudenken, kommt ihm immer noch irgendwie irreal vor. Der österreichische Barkeeper scheint ihn zu erkennen, behandelt ihn mit großem Respekt und großer Herzlichkeit. Das Hotel hat vor kurzem ein Bild von ihm in einer der Galerien gekauft, so erfährt er. Auch dies ein Gefühl, an das er sich im Laufe seines Lebens hatte gewöhnen müssen. Das Eigenleben, das seine Bilder führten, in alle Winde der Zeit verstreut. Ein Stück weit entfremdet und doch ein Stück von ihm, jedes ein Teil seines Lebens, seiner verstrichenen Zeit.

Das Alter hatte inzwischen mit Macht nach ihm gegriffen, das spürte er in jeder Begegnung, auch wenn er noch gut zu Fuß und vor allem klar im Geiste war, voller Ideen und Gedanken. Die Seele war immer noch die gleiche wie vor mehr als fünfzig Jahren. Vielleicht etwas reifer geworden, etwas ruhiger, gelassener, aber nicht weniger empfindsam, nicht weniger jung. Aber sein Körper setzte ihm Grenzen. Kleine, nach außen kaum merkliche Grenzen, die ihn aber tief trafen. Grenzen der Mobilität, kleine und auch größere Schmerzen am Morgen oder wenn er nach Ruhe wieder in Bewegung kam, dann und wann Vergesslichkeit, die er auf das Alter schob, obwohl er wusste, dass er das auch früher schon hatte, aber früher war es nicht mit diesem Schrecken verbunden, dass dies das erste Zeichen einer Demenz sein könnte. Eine Angst, die ihn verfolgte, auch wenn sie bisher unbegründet war.

Die Strecke, die im besten Falle noch vor ihm lag, war so kurz, dass sie ihn manchmal nachts aus dem Schlaf hochschrecken ließ und große Unruhe erzeugte. So vieles, was er noch erleben, erfahren, erschaffen wollte. Kleine Pakte mit dem Schicksal: »Bitte, gib mir noch die Zeit, dies und das und jenes auf gute Weise zu Ende zu bringen.« Doch was hatte er dem Schicksal dafür anzubieten? Dankbarkeit vielleicht am ehesten.

Er nimmt einen großen Schluck von seinem Champagner, um die schwarzen Vögel zu vertreiben und fragt den Barkeeper, einer Laune oder dem Gefühl folgend, etwas zu Ende bringen, einen Faden seines Lebens festknüpfen zu wollen, ob es dieses Lokal in der Kantstraße mit dem französischen Namen eigentlich noch gebe.

Der Barkeeper nickt: »Sie meinen sicher die Paris Bar.«

Ja, genau, das war es. Der Name, nach dem er gesucht hatte und der irgendwie doch immer da gewesen war. »Da war ich vor über fünfzig Jahren sehr oft. Gibt es das noch? Ist es gut oder heruntergekommen?«

»Ja, das gibt es noch und es boomt wieder. Ein Künstlertreff, würde ich sagen. Es hatte gute und schlechte Zeiten, und manchmal sah es so aus, als würde es schließen, aber es hat überlebt und ist heute wieder obenauf.«

»Wie weit ist das denn von hier?«

Der Kellner runzelt die Stirn: »Vielleicht zwanzig Minuten mit dem Taxi.«

3

Der türkische Taxifahrer kennt das Lokal und die Adresse, und der alte Maler staunt, wie kurz der Weg in die Vergangenheit ist. Er traut seinen Augen kaum, als er in der Kantstraße genau die gleiche Schrift wie damals erblickt, die gleichen roten, geschwungenen Buchstaben: »Paris Bar«. Plötzlich liegt alles wieder vor ihm wie damals. Das Berlin der 50er Jahre. Die geteilte Stadt, die Menschen, die eigene Jugend, der Anfang, das Misstrauen in das eigene Talent, die eigene Zukunft. Sogar das Bundesliga-Finale von damals kommt ihm wieder in den Sinn, als wäre es erst vor kurzem gewesen. Und wieder ist Dortmund Deutscher Meister, genau wie damals und doch ganz anders. Und der HSV, »sein« Verein, kämpft um den Klassenerhalt.

Mühsam steigt der alte Maler aus dem Taxi. Er muss Atem holen, sich beruhigen, hält kurz inne, dann fasst er Mut, überquert die Straße und betritt das Lokal.

Die gleichen roten Sitzbänke wie damals, die gleichen Tische, die gleiche Aufteilung. Sanfte Swing-Musik aus den Lautsprechern. Die Wände voll von Bildern. Neue sind dazugekommen seit damals, andere fehlen. Dann hält er inne. Glaubt es nicht wirklich. Die Zeichnung von damals, die er dem Kellner zum Abschied geschenkt hat, hängt an der Wand, genau über »seinem« Tisch von damals. Er kann den Blick kaum davon lösen. Der Tisch ist frei, als hätte es so sein müssen. Er setzt sich, direkt unter sein Bild.

Ein französischer Kellner reicht ihm die Karte, die er aufklappt, ohne wirklich zu lesen. Er nimmt die Eindrücke auf, wie damals. Er wünschte, er hätte seinen Skizzenblock dabei. Wie gern würde er die Eindrücke festhalten, wie damals.

Plötzlich … Nein, das kann nicht sein … Oder doch … Kann er einen Menschen wirklich nach so vielen Jahren noch erkennen? – Auf der anderen Seite des Lokals an der Bar ein Mann, schlank, graues, sehr schütteres Haar, die eine Seite über die Glatze zur anderen gekämmt, ein Gesicht ohne Alter. Er bringt einem Gast seinen Drink. Seine Bewegungen sind älter geworden. Die Körpersprache bemüht sich, der Zeit zu trotzen, doch man spürt, dass es ihm nicht leichtfällt. Dann sieht er wie beiläufig in seine Richtung. Blickkontakt, der den alten Maler elektrisiert, doch der Kellner lässt kein Erkennen ahnen. Er bleibt völlig ruhig, räumt einen Teller ab, stellt ihn hinter die Theke, dann kommt er auf ihn zu. Jeder Schritt überbrückt Jahre. Vor dem Tisch bleibt er stehen. Eine Ewigkeit von einigen Sekunden. Ernst und unbeweglich seine Miene. Er verbeugt sich langsam.

»Dasselbe wie immer, großer Meister? Das Steak Minute gibt es immer noch, auch wenn's nicht mehr auf der Karte steht. Mit Pommes frites, grünem Salat und einem Glas Rotwein.«

Der alte Maler hat keine Worte. Fassungslos steht er auf und umarmt ihn wie ein Geschenk des Lebens. Tränen in den Augen. Nähe voll Stille, die Stunden anzudauern scheint. Die Welt und die Zeit halten inne und lösen sich auf in Emotion und purer Gegenwart.

4

Ungezählte Stunden vergehen, in denen sie versuchen, die mehr als fünf Jahrzehnte aufzuholen, die seit ihrer letzten Begegnung vergangen sind. Der Maler hat den Kellner gebeten, sich zu ihm zu setzen, und das mit den Kollegen geklärt, die sich für ihn freuen.

»Mensch, da sind Sie aber gerade noch rechtzeitig gekommen. In weniger als zwei Wochen wird mein letzter Tag hier sein.« Der Kellner sieht dem Maler immer wieder lange ins Gesicht, mustert ihn, als könne er nur so begreifen, dass er es wirklich ist, dass er jetzt vor ihm sitzt. Er hat seine Karriere immer in den Medien verfolgt, hat jeden Artikel über ihn gesammelt. Unendlich stolz und erfüllt von der Freundschaft aus der Ferne.

»Ich war mein ganzes Leben lang jeden einzelnen Tag hier. Verrückt, oder? Aber für mich war es ganz normal. Ich war sogar froh, wenn es an den freien Montagen Firmenfeiern oder sonst etwas zu tun gab; ich brauchte den freien Tag nicht, außer um mal ein paar Besorgungen zu machen, aber was brauche ich schon? Für mich ist das hier mein Leben, mein Zuhause. Ich wollte keinen Urlaub. Ich war auch nie krank. Die Gäste, die Arbeit haben mich stark gemacht. Ich weiß auch nicht, wie ich das erklären soll. Aber jetzt geht es nicht mehr. Die Beine machen nicht mehr mit. Ich muss meine Hüfte operieren lassen.« Er schluckt schwer.

»Haben Sie denn Familie?«

»Nein, nur einen Bruder, aber wir haben kaum Kontakt. Aber ich habe ein paar Freunde, vor allem Kollegen hier. Die werde ich natürlich oft besuchen, und sie wollen mir auch helfen.« Er hält inne, dann hellt sich seine Miene auf. »Aber ich hab mir gerade einen Lebenstraum erfüllt. Ich hab einen Hund aus dem Tierheim zu mir geholt. Ich wollte immer mit einem Hund leben, aber das ging nicht in meinem Beruf. Jetzt geht es. Es ist kein ganz junger Hund mehr. Irgendjemand hat ihn an der Autobahnraststätte einfach festgebunden und ist weggefahren, mitten im Winter, hat ihm alles genommen, was er kannte, was ihm vertraut war. Zum Glück hat ihn jemand gefunden und ins Tierheim gebracht, und die Tierheimleiter sind Stammgäste hier. Sie haben mir von dem kleinen Kerl erzählt, und am nächsten Tag bin ich gefahren und hab ihn zu mir geholt. So sind wir nicht ganz allein, der kleine Lucky und ich. Wenn ich zur Operation muss, kümmern sich meine Kollegen um ihn, und danach soll ich ja sowieso viel gehen ... Irgendwie gibt mir Lucky Hoffnung und ein gutes Gefühl, trotz allem.«

Er hat ihn während der letzten Arbeitswochen dabei, lässt ihn im Büro des Lokals warten. Er bittet einen Kollegen, ihn zu ihm zu bringen, und der kleine, weiße, wuschelige Kerl springt voller Wiedersehensfreude an seinem Herrchen hoch. Der ganze Hund ein einziges Bündel an Energie. »So wartet nie die leere, kleine Wohnung auf mich, wenn ich nach Hause komme, und für den kleinen Lucky hier bedeutet es die ganze Welt, bei einem Menschen zu Hause zu sein, der sich um ihn kümmert. Ich glaube, so schlecht haben wir es also gar nicht getroffen, wir beide.«

Der Maler nickt lächelnd. Er kann den Kellner verstehen. Eigentlich hatten sie beide ihren Lebensentwurf von damals tatsächlich gelebt, auch wenn sie es sich damals sicher nicht genau so vorgestellt hatten, wie es dann kam.

Irgendwann schlägt der Maler das Du vor. »Wäre es nicht schön, wenn wir uns duzen würden, nach all der Zeit?« Der Kellner lacht und stimmt begeistert zu, bedankt sich für dieses Vertrauen.

»Du warst der erste Mensch, der damals an mich

geglaubt hat, und das hat mich stark gemacht. Ein bisschen verdanke ich meinen Erfolg auch dir. Du hast mir Mut gegeben.«

Stunde um Stunde verrinnt, während sie ihre Gedanken austauschen, genau wie früher. Sie sprechen über ihr Leben, ihre Freude und Enttäuschungen, ihre Hoffnungen und Ängste, das Alter, die verrinnende Zeit, die Nacht des Mauerfalls, in der sie einander vermisst haben, ohne es vom anderen zu ahnen, und in der der Maler sogar zufällig in der Stadt war, den Taumel miterlebt hat, die Freudentränen derer, die zum ersten Mal die Grenzen passieren durften. In der Paris Bar herrschte damals ein Freudenfest, wie es die Welt nie vorher und nie wieder gesehen hatte, so erzählt der Kellner, und der Maler bereut bitter, nicht dort gewesen zu sein.

»Weißt du noch, wie du damals sagtest, die Stadt habe so viele Wunden, da brauche es Menschen, die hierbleiben und ihr helfen, gesund zu werden? Ich glaube, die Stadt ist auf dem besten Weg, die Wunden der Geschichte heilen zu lassen, meinst du nicht?« Der Maler lächelt.

Sie sprechen über die Kunst und über das Leben. Die Liebe und die Zukunft, die so begrenzt war. Aber sie versprechen sich, alles, was irgendwie möglich wäre, aus dieser Zukunft zu holen. Nicht aufzugeben. Sich nicht gehenzulassen. Nach vorn zu blicken, gerade in ihrem Alter. Die Zukunft begann heute, jetzt und hier. Jeden Tag als Geschenk zu nehmen und zu nutzen war zwar eine Binsenweisheit, aber eine gute. Eine, die man sich immer wieder vor Augen halten und erfüllen musste.

»Du wirst sowieso noch einiges bewegen, da mache ich mir gar keine Sorgen. Und ich hab auch einiges vor ...«, er macht eine Pause. »Ich hab mit dem kleinen Lucky eine wichtige Aufgabe. Er hat gut und gerne noch zehn Jahre Lebenserwartung. Und ich will auf gar keinen Fall, dass er jemals wieder verlassen wird. Ich will immer für ihn da sein. Lucky erinnert mich immer an das Leben. Er braucht mich. Und für ihn zählt nur das Heute und Hier. Außerdem lernt man mit so einem lieben Hund immer wieder sehr nette Menschen kennen. Kleine Begegnungen, die guttun. Vielleicht kommt im Winter meines Lebens ja auch noch einmal ein Mensch auf mich zu, den man dann gern öfter sieht ... Wer weiß ... Alles ist möglich, auch in unserem Alter. Ich habe mir fest vorgenommen, daran zu glauben.« Er lächelt, seine jungenhaften blauen Augen strahlen.

Sie staunen über den Punkt, an dem sie angekommen sind in ihrem Leben, und über ihre sonderbare Freundschaft, die mehr als ein halbes Jahrhundert ohne Begegnung, ohne Gespräch, ohne eine Zeile, ohne ihre Namen zu kennen, hatte überbrücken können und die sie stärkte, heute wie damals – und die letztlich immer da war, irgendwo in der Ferne, in ihren Herzen, Gedanken, ihrer Vergangenheit und ihrer Gegenwart. In der Zukunft werden sie sorgsamer damit umgehen, so versprechen sie sich. Es gebe schließlich nicht viele Menschen, mit denen man gemeinsame Zeit nicht vergeudete, sondern bereicherte.

Es ist früher Morgen, als sie das Lokal verlassen. Wie damals ist der Maler der letzte Gast. Draußen hat es zu schneien begonnen. Ein dünner Flaum der Stille liegt über der Stadt. Flocken tanzen vor ihren Augen, als sie aus der Tür treten. Das Taxi, das der alte Maler bestellt hat, wartet schon.

»Wie wirst du Weihnachten und Neujahr verbringen?«

»Weihnachten haben wir leider geschlossen, aber meine Kollegen hier, die auch keine Familie haben, und ich und Lucky werden uns hier ein privates kleines Fest machen. Und Silvester haben wir offen. Das wird ja auch gleichzeitig mein Abschiedsfest.« Er beugt sich mühsam nach unten, um Lucky zu streicheln. Ein Mittel gegen die Tränen. »Und du wirst wieder irgendwo auf der Welt sein.«

»Ja, wir fliegen übermorgen wieder nach New York; es ist einfach die wunderbarste Stadt für Weihnachten und Silvester. Aber bald, im Januar habe ich wieder in Berlin zu tun und dann sehen wir uns wieder.«

»Das wäre großartig. – Ich wünsche dir eine ganz wunderbare Weihnachtszeit.«

»Kann ich dich nach Hause bringen?«

»Nein, danke, ich wohne nicht weit von hier. Und

ich muss ja sowieso noch ein paar Schritte mit Lucky gehen.«

Eine Umarmung zum Abschied, der diesmal einer auf kurze Zeit bleiben soll, und das große Gefühl des Geschenks dieser Begegnung.

Der alte Maler steht noch lange am Taxi und blickt dem alten Kellner und Lucky hinterher, die langsam in vollkommener Zweisamkeit die menschenleere Kantstraße hinabschlendern. Lucky springt immer wieder voll Liebe an dem alten Kellner hoch.

Dann steigt er in sein Taxi und fährt durch die verschneite Stadt seiner Jugend in sein Leben von heute. Jahrzehnte verschmelzen zum Hier und Jetzt und für Augenblicke hat die Zeit ihr Gewicht verloren.

Aus einer Berliner Zeitung, Januar 2012
»Abschied ...«
Der dienstälteste Kellner der berühmten Paris Bar in der Kantstraße nahm gestern seinen Abschied nach 63 Dienstjahren. Der scheue R. B., der seinen Namen nicht veröffentlicht wissen möchte, hat dem berühmten Künstlertreff sein ganzes Leben lang die Treue gehalten. Er hat – unglaublich, aber wahr – in all diesen Jahren keinen einzigen Tag gefehlt. Geboren wurde er 1933 in Berlin. 1949, im Alter von 16 Jahren, hat er in der Paris Bar als Tellerwäscher angefangen und sein gesamtes Arbeitsleben dort verbracht. Er hat vielen berühmten Künstlern und Showgrößen dort ihr Essen serviert und hat die guten und schlechten Tage des In-Treffs miterlebt. Nach seiner wichtigsten Begegnung gefragt, nennt er nicht etwa Robert De

Niro oder Pierce Brosnan, die er bedient hat, sondern eine besondere Freundschaft mit einem weltberühmten Maler, dessen Namen er nicht preisgeben möchte. R. B. wird sich im wohlverdienten Ruhestand vor allem um seinen kleinen Mischlingshund Lucky aus dem Tierheim kümmern und sicher dann und wann in der Paris Bar auftauchen. Verreisen möchte er weiterhin nicht und statt des Reisegutscheins, den seine Kollegen ihm schenken wollten, wünschte er sich ein Dauer-Ticket für alle Berliner Museen. Die Gäste und das Team der Paris Bar werden den allseits beliebten R. B. sicher schmerzlich vermissen. So eine ungewöhnliche, jahrzehntelange Treue zum Arbeitsplatz und lebenslange Treue zu unserer Stadt sind selten geworden in unserer Zeit. Vielleicht war R. B. diesbezüglich der Letzte seiner Art. Wir wünschen ihm und seinem Hund Lucky für die Zukunft alles Gute.

BRIEF AUS DER FREMDE

I.
Irgendwo in Indien ...

1

Mit schnellen Bewegungen und einem leisen Surren gleitet die Nadel durch den dicken, festen blauen Stoff, den Umesh seit seiner frühen Kindheit bewundert. Jeansstoff. Beste Qualität. Er hat gelernt, das auf einen Blick, mit einem Griff, zu erkennen, und er bewundert es noch heute. Mit geübten Handgriffen näht er die Teile der Hose zusammen. So, dass sie ordentlich aussieht und dem künftigen Besitzer für lange Zeit unverwüstliche Freude bereiten wird.

Manchmal stellt er sie sich vor, diese künftigen Besitzer, Europäer oder Amerikaner, die sich so eine Jeans bester Qualität leisten können. Sportlich, jung, erfolgreich oder im besten Alter mit etwas Bauchansatz, je nach Schnitt und Größe. Auf jeden Fall mussten sie erfolgreich sein oder aus guten, erfolgreichen Familien stammen, da war sich Umesh immer sicher. Andere würden sich diese edle, haltbare Ware niemals leisten können. Dass im Westen fast jeder so eine Hose besaß, oder sogar mehrere, davon hatte er zwar gehört, konnte es aber nicht glauben. Und wenn, dann musste das schlechtere Qualität sein als die, die hier in der Fabrik erzeugt wurde, für die er arbeitete, davon war er überzeugt.

Die Hosen, die er anfertigte, waren ausschließlich für den Export in die reichen Länder des Westens bestimmt, nicht für den heimischen indischen Markt. Die Fabrik, in der er arbeitete, produzierte nach den Vorgaben europäischer und amerikanischer Luxusmarken. Die indischen Labels ließen anderswo, billiger, produzieren. Oft auch von Kinderhand, billigen Arbeitskräften. Das merkte man natürlich deutlich an der Qualität, und Umesh musste seine eigene Kleidung sehr oft flicken. Es war ihm wichtig, dass sie stets ordentlich aussah. Sauber und ohne Löcher. Je weniger man sich neue, teure Kleidung leisten konnte, desto mehr musste man darauf achten, dass die, die man trug, in Ordnung war. Es war eine Frage der Ehre. Auch die Uniform, die er in der Fabrik trug, musste immer tadellos in Ordnung und sauber sein. Ein Kollege war erst kürzlich vom Vorarbeiter verwarnt worden, weil er mit einer Uniformhose zur Arbeit erschienen war, die einen großen Riss aufwies. Das ging natürlich nicht. Das machte keinen guten Eindruck. Manchmal kamen auch Auftraggeber aus dem Westen her, besichtigten die Fabrik, da war so eine Nachlässigkeit undenkbar.

Die künftigen Träger der Kleidung, die er in der Fabrik erzeugte, würden sich diese Sorgen niemals machen müssen. Dass so eine edle Hose kaputtging und geflickt werden musste, das schien geradezu undenkbar.

Ein paar Stiche noch, dann würde seine Aufgabe an dieser Jeans beendet sein und sie konnte in den nächsten Raum gebracht werden, wo der nächste Arbeitsschritt erfolgte. Umesh nähte die Hosenbeine aus den vorgefertigten Teilen zusammen. Das war eine sehr wichtige Aufgabe, die Nähte mussten auf eine ganz bestimmte Weise in gleichbleibender Qualität sauber und haltbar gesetzt werden. Zehn pro Stunde musste er schaffen. Das war ein guter Richtwert. Er wurde nicht nach Stück, sondern mit einem festen Monatslohn bezahlt, das war ein großer Fortschritt gegenüber all den Fabriken, in denen er früher gearbeitet hatte und die Billigware hergestellt hatten. Dort musste es vor allem schnell gehen. Je mehr Hosen man pro Stunde oder Schicht schaffte, desto mehr verdiente man. Natürlich litt darunter die Qualität.

In der neuen Fabrik war das ganz anders. Hier hatte man seinen festen Lohn und seinen Richtwert, wie viele Hosen man pro Stunde schaffen sollte. Mehr sollten es nicht sein, weil man dann nicht mehr genau sein konnte, weniger auch nicht, weil sich dann das Gehalt, das man bezahlt bekam, für den Fabrikanten nicht mehr lohnte. Aber zehn pro Stunde, das war eine gute Vorgabe, da konnte er die Arbeit in Ruhe und mit der gebotenen Aufmerksamkeit erledigen. Er schätzte das sehr.

Er mochte die gute Qualität der Kleidung, die er erzeugte. Manchmal träumte er davon, sich selbst eines Tages so eine Hose kaufen zu können. Aus dem besten Denim, ordentlich und haltbar genäht. So etwas hatte man ein Leben lang, und man galt etwas, wenn man so eine Hose besaß.

2

Doch daran war vorerst nicht zu denken. Er musste seine Frau und seine Kinder ernähren, für die Hochzeiten der drei Mädchen sparen, die eine Familie ruinieren konnten. Töchter zu haben, das war eine Katastrophe in seiner Gesellschaft. Töchter kosteten ein Vermögen, und wer nicht reich war, der war als Vater von Töchtern ruiniert.

Es war immer die Aufgabe der Familie der Braut, eine Hochzeit auszurichten und sie zu bezahlen. Nicht nur die Familien und Freunde der beiden Verlobten waren einzuladen und reich zu bewirten, sondern das gesamte Dorf – oder die gesamte Nachbarschaft, wenn man in der Stadt wohnte –, und zwar sowohl das Dorf oder die Nachbarschaft der Braut als auch die des zukünftigen Ehemannes musste eingeladen werden. Bescheidenheit konnte sich da keine Familie einer Braut leisten. Man würde fortan verachtet werden, und das Glück würde sich von einem abwenden. Je prächtiger und reicher die Hochzeit, desto höher das Ansehen. Dazu kam noch die Mitgift, die die Familie des Bräutigams verlangte.

Offiziell war es inzwischen verboten, eine Mitgift zu entrichten, aber die Praxis hatte sich noch nicht geändert und würde sich auch nicht ändern, bis seine Töchter an der Reihe waren. So fest verankerte gesellschaftliche Traditionen änderten sich nicht innerhalb weniger Generationen. Das war undenkbar. Die Hochzeit und Mitgift einer Tochter kostete mehr, als er in Jahren verdiente. Es war unbezahlbar, und er und seine Frau Lakshmi machten sich oft große Sorgen darüber, wie sie das würden schaffen können. Sie würden sich hoch verschulden müssen, das war unausweichlich, doch wenn ihnen überhaupt jemand das Darlehen gab, das sie brauchten, würden ihnen die Zinsen, die dann zu leisten wären, den Ruin bringen. Nur Wucherer gaben Kredite an arme Familien wie die seine – und man hatte keine Chance, sich danach jemals wieder aus den Verpflichtungen gegenüber den Geldverleihern zu befreien.

3

Noch hatten sie keine Lösung für das Problem gefunden. Als vor etwas mehr als zwölf Jahren die erste Tochter Asha, »Hoffnung«, geboren wurde, freute man sich, obwohl die Geburt einer Tochter einem Sorgen bereitete und auch in der Nachbarschaft und in der Familie nicht gefeiert wurde. Sie wegzugeben oder Schlimmeres, wie es viele Familien in so einer Situation heute noch mit ihren Töchtern machten, war für ihn und Lakshmi nie in Frage gekommen, obwohl Freunde es ihnen immer wieder nahelegten. Manche boten ihnen sogar an, ihnen dabei zu helfen, jemanden zu finden, der sich mit dem Gift auskannte, das man am besten nahm, um sich einer Tochter zu entledigen, oder kannte andere Methoden, mit denen es »einfach« war und die das Baby angeblich nicht leiden ließen. Den kleinen Körper konnte man dann auf einer Mülldeponie verscharren oder anderswo weglegen. So etwas war offiziell natürlich verboten, aber es kümmerte die örtlichen Behörden meistens nicht.

Zwischen dem, was offiziell Gesetz war und dem, wie das Leben in diesem Land in Wahrheit verlief, war immer noch ein meilenweiter Unterschied, den auch jeder so hinnahm. Und niemand kontrollierte die Deponien. Ganz zu schweigen von den unzähligen riesigen wilden Müllkippen, um die sich ohnehin niemand kümmerte.

Es wäre also nicht sehr riskant gewesen und allemal eine Lösung. Doch Umesh und Lakshmi wiesen solche Vorschläge, das Mädchen zu töten, entsetzt zurück. Sie liebten ihre Asha, auch wenn es unvernünftig sein mochte und sie nicht wussten, wie sie die finanziellen Probleme, die ihr Dasein ihnen verursachte, jemals würden lösen können.

Natürlich wollte man ein weiteres Kind, hoffte diesmal auf einen Sohn, hatte auch daran gedacht, einen Arzt zu finden, der gegen Schmiergeld eine der verbotenen Geschlechtsbestimmungen im Mutterleib machen und das Kind im Falle, dass es wieder ein Mädchen sei, abtreiben würde, aber solche Ärzte kosteten eine Menge Geld, das Umesh nicht hatte. Und Lakshmi fand, es wäre Unrecht.

4

Als die zweite Tochter Rashmi, »Lichtstrahl«, geboren war, konnte Umesh oft nächtelang nicht mehr schlafen beim Gedanken an ihre Zukunft, doch er liebte seine Mädchen, die ihm auch nie einen Grund gegeben hatten, sie zu verachten. Seine Mutter freilich war mit der Situation sehr unglücklich und gab Lakshmi die Schuld daran. Sie müsse verwünscht sein, ihm keinen Sohn gebären zu können. Eine nutzlose und unwürdige Ehefrau, die nur Töchtern das Leben schenken und dann nicht einmal tun konnte, was eine Frau zum Wohle ihrer Familie dann eben tat.

Lakshmi hatte es schwer mit ihrer Schwiegermutter, doch sie beklagte sich nie. Auch nicht, als das dritte Kind wieder ein Mädchen war. Sie nannten sie Sushmita, »strahlendes Lächeln«, weil sie das schönste und strahlendste Lächeln hatte, das man sich vorstellen und damit die Welt um sich verzaubern konnte. Wenn Sushmita ihn anlächelte und ihm ihre kleinen Arme entgegenstreckte, waren alle Sorgen, die Umesh sich angesichts des Unglücks, Vater dreier Töchter zu sein, machte, für Momente wie weggewischt, und er fühlte sich beschenkt.

Seine Mutter hatte vom Tag von Sushmitas Geburt an nicht mehr mit Lakshmi gesprochen. Das war jetzt sechs Jahre her. Freunde, Kollegen, die erfuhren, dass er drei Töchter hatte, sahen ihn voll Entsetzen an, konnten nicht verstehen, wie Umesh das hatte geschehen lassen können. Meistens schwieg er nur dazu.

Wie hätte er ihnen erklären sollen, dass Sushmitas Lächeln für ihn das Glück dieser Welt bedeutete. Das Leben der drei war für ihn und Lakshmi mit keinem Reichtum der Welt aufzuwiegen.

Manchmal berieten er und Lakshmi darüber, es noch einmal mit einem Kind zu versuchen, vielleicht würde es dann endlich ein Junge sein und den Fluch brechen, der über ihrer Familie lag. Nur ein Junge konnte einer Familie Zukunft bringen und später seine Eltern würdig begraben. Töchtern war das verwehrt. Noch waren sie beide jung genug für weitere Kinder, Umesh war gerade 34 geworden, Lakhsmi war 31. Aber die Angst davor, dass es wieder ein Mädchen sein würde, hielt sie davon ab, das Risiko einzugehen.

Die einzige wirkliche Chance, die Umesh für sich und die Mädchen sah, war Bildung: Wenn er es irgendwie schaffen könnte, sie auf gute Schulen zu bringen, sie vielleicht sogar studieren zu lassen, dann wäre das Hochzeitsproblem weniger dramatisch. Die Berufstätigkeit, das eigene Einkommen, die Bildung würden viel zählen, die Mitgift müsste dann nicht mehr so hoch ausfallen – wenn man einen Mann aus einer modernen Familie finden könnte, der das mochte, wenn die Frau gebildet war und einen eigenen Beruf hatte. Aber solche Männer gab es kaum, schon gar nicht in seinen Kreisen und unter den für ihn und seine Töchter erreichbaren Familien. Zudem lag es vollkommen außerhalb seiner Möglichkeiten, den Mädchen eine gute Schule, sogar ein Studium zu bieten. Schon jetzt wusste er oft kaum, wie er die Schulgebühren für die Mädchen aufbringen sollte, das Geld für ihre Schuluniformen, Schulmaterial, Bücher. Aber es war ihm wichtig, dass sie zur Schule gehen konnten, anders als er selbst, auch wenn es keine renommierte Schule sein konnte.

5

Umesh selbst hatte schon als Kind arbeiten müssen, nachdem sein Vater gestorben war und er als ältester Sohn seiner Mutter die Verantwortung für die Familie trug. Zuerst hatte er Glasreifen geschmiedet über rußigen, heißen Flammen, dann in einer Ziegelfabrik gearbeitet, dann, als er elf war, in einem Steinbruch, was vermutlich die härteste Zeit seines Lebens gewesen war und zum Glück nur wenige Monate dauerte. Er war einfach zu schwach, der harten Arbeit nicht gewachsen, konnte sein Pensum nicht erfüllen, wurde vom Vorarbeiter oft geschlagen, bekam seinen Lohn nicht, wurde schließlich wie ein Hund verjagt.

Zu seinem Glück fand er dann immer wieder Jobs in verschiedenen kleinen Nähstuben, in denen man kleine Hände für filigrane Stickereien brauchte und es mit dem Alter der Angestellten nicht so genau nahm. Manchmal, wenn es dort gerade keine Aufträge gab, musste er sich in den Färbereien verdingen, in denen er den ätzenden Dämpfen der Farben tagaus, tagein ausgesetzt war. Er lernte früh, voll und ganz zu verinnerlichen, was in seinem Land als einer der wichtigsten Grundsätze für ein glückliches Leben galt: sein Schicksal anzunehmen. Es ist, wie es ist. Das Leben, Schicksal oder Karma spielte einem die Karten zu, und man musste aus dem Blatt, das man hatte, das Beste machen. Zu hadern oder aufzubegehren, half niemandem und machte einen nur unglücklich. Wieso hätte er unglücklich sein sollen? – Es ist, wie es ist ... Manchmal sagte er es sich vor, um es sich ganz bewusst vor Augen zu halten.

Er war immer froh gewesen, wenn er Arbeit fand, auch wenn er seine Altersgenossen beneidete, die zur Schule gehen oder spielen konnten. Sein Leben verlief eben anders als das dieser privilegierteren Kinder, er musste Verantwortung übernehmen, wie viele andere seiner Nachbarn und Freunde auch. Normalität in seinem Umfeld. So war eben das Leben. Ohne Arbeit nichts zu essen. Bildung musste da zurückstehen. Trotzdem hätte er gern zumindest lesen und schreiben und ein bisschen rechnen gelernt. Dann hätte er vielleicht irgendwann eine eigene Nähstube aufmachen, sich selbständig machen können.

Umesh weiß, dass dies ein Traum bleiben muss. Manchmal versucht er, bei einer seiner Töchter etwas aufzuschnappen, sich von ihnen abends im flackernden Schein der Kerosinlampe oder, wenn man Glück hatte und die illegal angezapfte Stromleitung die kleine Glühbirne an der Decke zum Leuchten brachte, bei schwachem elektrischem Licht das beibringen zu lassen, was sie in der Schule lernten, doch meistens war er viel zu müde, um sich lange darauf konzentrieren zu können. Die Arbeit strengte ihn an, auch wenn die Bedingungen, unter denen er heute arbeitete, bei weitem besser waren als die, die er früher kannte. Der Direktor hier war ein guter Mann, natürlich auf seinen Gewinn bedacht, aber einer, der ordentlich mit seinen Leuten umging und darauf achtete, dass sie gesund blieben. So etwas hatte Umesh vorher nicht gekannt.

6

Die Nähmaschine summte im Chor mit denen der anderen vierzig Männer, die in diesem Raum ihrer Arbeit nachgingen. Männer und Frauen arbeiteten meistens in getrennten Räumen. Frauen wurden hier vor allem dafür eingesetzt, Stickarbeiten zu verrichten oder auch Hemden und Blusen zu nähen oder die Etiketten einzunähen.

Umesh mochte den Raum, in dem er jetzt arbeitete. Er mochte die sehr klare, technische Atmosphäre, die weiß getünchten Wände, die eine Backsteinmauer, das große Fenster, die elektrischen Leitungen, die in Kabelkanälen von der Decke zu jedem einzelnen Arbeitsplatz geführt wurden, den Geruch nach Putzmittel, der davon kam, dass der Raum täglich gründlich gereinigt wurde, die Sauberkeit. Das war keine Selbstverständlichkeit in Kleiderfabriken und Nähstuben. Oft hatte er früher seine Arbeit in schmutzigen, übelriechenden Räumen voller Ungeziefer verrichten müssen, in denen auch gleichzeitig gefärbt und gebleicht wurde, die Augen und Lungen brannten, die Kopfschmerzen einen oft überhaupt nicht mehr verließen. Er war sehr froh, dass das alles an seinem neuen Arbeitsplatz anders war. Und er hatte das Glück, an einer modernen »Siruba«-Maschine nähen zu dürfen. In anderen Räumen der Fabrik waren noch ältere Modelle im Umlauf, auch alte »Singer«-Maschinen. Er fand sie wunderschön, aber es war sehr viel anstrengender, mit ihnen zu arbeiten als mit den modernen elektrischen, die ihm und seinen Kollegen in diesem Raum zur Verfügung standen.

Mit geschickten Fingern setzt er die letzte Naht, wirft die halbfertige Hose in den Korb, der neben ihm steht, nimmt sich die nächsten der vorgeschnittenen Teile, die er zusammensetzen und sorgfältig vernähen muss.

Manchmal dachte er darüber nach, wie sehr so eine Hose Klassen- und Kastenunterschiede aufhob. Wenn er so eine Hose trug, dann würde jeder, dem er in seiner Gegend über den Weg lief, ihm anders begegnen. So eine Hose verwischte die Rangordnung der Gesellschaft. Manchmal fragte er sich, ob das in Europa und Amerika, dort, wo man die Jeans trug, die er nähte, auch so war, ob sie die Menschen, die sie trugen, der Brandzeichen ihrer Herkunft enthob.

Umesh war stolz auf »seine« Hosen und seinen Arbeitsplatz, aber ihm wurde immer wieder bitter bewusst, dass er seine niedere Herkunft niemals würde abschütteln können.

Er hofft, dass es seinen Töchtern irgendwann durch Bildung gelingen mag, aber er weiß, dass es noch Generationen dauern wird, bis diese alten Bräuche der Vergangenheit angehören.

Wer konnte schon wissen, ob eine moderne Gesellschaft überhaupt in dieses Land passte. Aber einiges *musste* sich ändern, das fühlte er deutlich. Mädchen mussten mehr Rechte bekommen, ihre Geburt und Existenz durfte ihre Familien nicht mehr ruinieren. Und Bildung musste irgendwie für alle erreichbar sein. Nur wie sollte das möglich sein, solange die Armut viele Menschen so fest im Griff hatte, dass die Kinder arbeiten mussten, damit die Familie genug zu essen hatte? Wie schafften das andere Länder?

Ein Gong reißt Umesh aus seinen Gedanken, und er merkt, dass er durch sein Nachdenken über Dinge, die er ohnehin nicht ändern konnte, eine Naht falsch gesetzt hatte. Er hatte zwei Teile auf eine falsche Weise miteinander verbunden. Das musste er korrigieren, bevor er in die kurze Mittagspause ging. Auch dies eine Errungenschaft des sehr modernen Chefs dieser Fabrik, dem es wichtig war, dass es seinen Arbeitern gutging, weil sie nur dann in der Qualität arbeiteten, die er brauchte. Mit geübten Fingern trennt er die falsche Naht auf, korrigiert sie. Man wird später nichts von seinem Fehler sehen. Der Kontrolleur wird seine Arbeit als ordentlich abzeichnen und sie dem nächsten in der Herstellungskette weitergeben, der die Aufgabe hatte, den Bund anzusetzen.

7

Umesh hatte sein Halbtagespensum geschafft, er war also im Plan. Der Korb mit seiner Arbeit wurde abgeholt und durch einen neuen ersetzt. Er will sich gerade seine Box mit dem Lunch holen, den Lakshmi täglich für ihn zubereitet, als ihn sein Vorarbeiter anspricht: »Komm mit mir, du bekommst eine neue Aufgabe. Wir wollen sehen, ob du sie genauso gut und gewissenhaft erledigst wie das Nähen.«

Umesh staunt. Was konnte das wohl sein? Was konnte anspruchsvoller sein als die Aufgabe, die Nähte dieser guten Hosen gerade und stabil zu setzen, so dass sie ihrem künftigen Besitzer ein Leben lang Freude bereiten würden? Nach ihm und den Bund-Ansetzern kam nur noch die Verpackungsabteilung und das wäre ja wohl keine angemessene Aufgabe für ihn. Ein Freund von ihm, Dilip, arbeitete dort. Es war ein guter, aber anstrengender Job, in dem man weniger verdiente als Umesh und auch weniger begabt sein musste. Zudem war man dort den Dämpfen der Mittel ausgesetzt, die am Ende vor dem Verschiffen in die Kartons mit der Kleidung gesprüht wurden, um sie vor Ungeziefer zu schützen.

Ein wenig ratlos, aber doch neugierig folgt er dem Vorarbeiter in den neuen Trakt der Fabrik, der vor wenigen Monaten eröffnet worden war, den er aber noch nie von innen gesehen hatte. Die Arbeiter dort hatten einen eigenen Lunchraum, so dass man sich nicht traf. Er war immer davon ausgegangen, dass dort vor allem Kleidung für Frauen hergestellt wurde oder jedenfalls etwas völlig anderes als die Jeans, die dort erzeugt wurden, wo Umesh arbeitete. Von der Endkontrolle der Stoffe bis zur Verpackung und dem Versand in großen Schachteln, die dann mit Containern nach Europa und Amerika verschifft wurden.

Er hatte sich schon oft vorgestellt, wie so ein Transport vor sich gehen musste, und sich manchmal in die fernen Länder geträumt, die er niemals sehen würde und in denen er doch mit seinen guten Nähten unbemerkt präsent war.

Manchmal hatte er kleine Einblicke in diese Länder im Kino bekommen, das er sich und seiner Familie, wenn irgend möglich, spendierte. Kleine Fluchten aus der Wirklichkeit. Es musste eine schöne, bunte, saubere, reiche und sehr glückliche Welt sein im Westen, dort, wohin »seine« Jeans gingen. Umesh, Lakshmi und die Mädchen liebten diese Stunden im Kino, diese völlig andere Welt, vor allem die Filme aus dem Westen, die dort manchmal gezeigt wurden. Aber auch die indischen Filme faszinierten sie. Es war ein modernes, ein buntes, musikalisches und hoffnungsvolles Indien, das dort gezeigt wurde. Eines, das die Probleme der Gegenwart überwand und Antworten fand auf »unpassende« Liebe und Träume. Liebende, die sich entscheiden mussten für ihre Leidenschaft oder für ihre Familien, die anderes für sie geplant hatten und die sie verstoßen würden, wenn sie sich nicht fügten – und die doch meistens eine Lösung aufzeigten. Junge Menschen, die auszogen in die Welt, nach Paris oder London oder in die Schweiz und etwas von ihr und ihren ganz anderen Regeln in ihre Heimat brachten. Eine Offenheit, für die das Kino den Weg bereitete, lange bevor die Menschen in diesem Land bereit dafür waren, etwas davon zu verwirklichen. Vielleicht konnten die Filme damit auch ein kleines bisschen den Weg für dieses Land vorgeben, den Umesh sich für sich und vor allem für seine Töchter wünschte.

Der Vorarbeiter führt Umesh in ein Besprechungszimmer. Er bietet ihm einen Stuhl an und eine Tasse Tee. Umesh nimmt dankbar an. Der Vorarbeiter nimmt ihm gegenüber Platz. Er räuspert sich, sieht in seine Papiere, dann erklärt er:

»Sie sind nun seit drei Jahren bei uns?«

Umesh bejaht die Frage.

»Und seit etwas mehr als einem Jahr sind Sie an Ihrem momentanen Arbeitsplatz tätig?«

Umesh stimmt wieder zu. Langsam wird ihm unbehaglich. Ob das Gespräch etwas mit seinem Fehler von vorhin zu tun hat? Mit der falsch gesetzten Naht? Aber das kann eigentlich nicht sein. Er hat das perfekt korrigiert, und so etwas war jedem Näher schon gelegentlich passiert. Kein Grund für Aufregung.

Wieder blickt der Vorarbeiter in seine Papiere, blättert hin und her, dann erklärt er:

»Wir waren immer sehr zufrieden mit Ihnen. Sie haben eine gute Arbeitsmoral und erfüllen Ihre Aufgabe sehr gewissenhaft und talentiert.« Er macht eine Pause. »Daher haben wir beschlossen, Sie mit etwas Verantwortungsvollerem zu betrauen.«

Umesh staunt. Was könnte noch verantwortungsvoller sein als das, was er derzeit tat? Vielleicht sollte er künftig die Reißverschlüsse einnähen?

Der Vorarbeiter lächelt:

»Es gibt seit kurzem in Europa und in Amerika etwas ganz Neues, wofür die Kunden sehr viel mehr Geld bezahlen als für die normalen guten Jeans, die wir herstellen. Diese Hosen, so, wie sie Ihre Abteilung verlassen, sind die Basis unseres Erfolges, sie bringen in Europa und Amerika in den Geschäften mindestens 180 oder auch gut und gerne 200 Dollar pro Stück ein, wovon ein guter Anteil für uns bleibt. Aber die Hosen, die wir in der neuen Abteilung veredeln, die bringen locker das doppelte oder sogar noch mehr ein.«

Umesh wundert sich. Was konnte das sein? Wie konnten »seine« Jeans noch edler gemacht werden?

»Trauen Sie sich zu, in dieser Abteilung zu arbeiten? Sie würden 15 % mehr Lohn pro Woche bekommen. Wir denken, dass Sie dieser Aufgabe gewachsen sein werden.«

Umesh stimmt zu, ohne zu wissen, was er dort zu tun haben wird. 15 % mehr Lohn, das war eine großartige Nachricht. Damit konnte er endlich die wichtigen Schulbücher vor allem für seine Älteste kaufen, die Brille für Rashmi und in einiger Zeit vielleicht sogar das Dach seines Häuschens fertigstellen, das schon lange nur aus einer Plastikplane bestand. Dass er künftig etwas mehr verdienen würde, das war eine wunderbare Nachricht, und bestimmt konnte man das, was es dort zu tun gab, schnell erlernen, sonst würden sie ihn nicht dafür vorsehen. Er konnte es kaum erwarten, seiner Familie die gute Nachricht zu überbringen.

»Das ist gut, dann gratuliere ich Ihnen zur Beförderung.« Er macht eine Notiz und weist ihn an, sich in fünfzehn Minuten nach Ende der Mittagspause in Produktionsraum D bei Vorarbeiter Purushottam zu melden.

8

Was ihm sofort auffällt, ist der ganz andere Geruch im neuen Gebäude. Ein wenig nach Chemie und viel mehr nach technischen Geräten. Auch der Lärmpegel ist ein ganz anderer. Manche Maschinen klingen wie Schweißgeräte, andere verrichten ihre Arbeit mit Licht völlig geräuschlos.

Er sieht, wie einige der Jeans aus seiner Abteilung ankommen, wie er an den Farben der Körbe erkennt und einige aus anderen Abteilungen.

Umesh traut seinen Augen nicht: in einige der Hosen werden Muster gebrannt. Das schädigt doch den Stoff! Einige werden in seltsame Maschinen geworfen und eine hängt vor einem Arbeiter auf einer speziellen Vorrichtung, die sie spannt, während der Arbeiter der Hose mit einem scharfen Haken, anscheinend nach einer Vorlage, die danebenliegt, Handbreit lange Schnitte zufügt. Daneben reibt ein anderer konzentriert mit Schmirgelpapier an einer Stelle der Oberschenkel über den guten, festen Stoff, bis dieser ganz aufgeraut, dünn und unansehnlich geworden ist.

Einige aus der Abteilung, in der sie die übergroßen Jeans mit dem hängenden Hosenboden nähten, die Umesh so hässlich fand, dass er immer froh gewesen war, nicht in dieser Abteilung nähen zu müssen, werden einfach nur in ein Bad mit einer anscheinend ätzenden Flüssigkeit und Steinen geworfen und bleichen aus.

Was geht hier vor sich? Umesh ist erschrocken und ratlos. Werden die Hosen hier etwa auf ihre Widerstandsfähigkeit getestet? Wird ausprobiert, wie sehr sie den Verletzungen standhalten? Aber dafür wäre doch die Forschungsabteilung zuständig oder die Qualitätskontrolle, die dann und wann eine Hose aus der Tagesproduktion nimmt und Tests unterzieht, das würde man doch nicht hier in einem eigenen Trakt mit dermaßen vielen Hosen machen, wie sie hier hereinkommen.

Vorabeiter Purushottam lacht, als er Umeshs staunendes Gesicht sieht. »Sie müssen der Neue sein. Ich habe schon viel von Ihnen gehört.« Er blickt in seine Papiere. »Umesh … Naik, nicht wahr?«

Umesh verbeugt sich unsicher. Der Vorarbeiter, ein junger, freundlicher, asketisch wirkender Mann mit gepflegtem Kinnbärtchen, unter der Nickelbrille sehr wachem Blick, Bewegungen wie die eines britischen Offiziers und etwas zu großer, konservativenglischer Kleidung, schüttelt ihm die Hand:

»Willkommen.«

Umesh dankt ihm ratlos.

»Ich führe Sie ein wenig herum und zeige Ihnen Ihren neuen Arbeitsbereich. Ich bin sicher, es wird Ihnen gefallen.«

Umesh blickt zweifelnd vor sich hin, während der Arbeiter mit den Haken eine neue Hose in die Maschine gespannt hat und ihr lange, tiefe Risse im Bereich oberhalb der Knie zufügt. Umesh kann kaum hinsehen. Fast zuckt er zusammen. Es fügt ihm beinahe Schmerzen zu, die Zerstörung »seiner« wunderschönen, haltbaren, perfekten Jeans mit anzusehen. Das hier muss ein riesiges Missverständnis sein, denkt er sich. Oder ein seltsamer Albtraum. Aber er weiß, dass er wach ist.

»Hier sehen Sie schon, was künftig Ihre Aufgabe sein wird: hier werden die Jeans, die als ganz normale Hosen aus Ihrer Abteilung und aus anderen Abteilungen kommen, veredelt, so dass sie zu ganz besonderen Einzelstücken und für den europäischen und amerikanischen Markt ganz besonders wertvoll werden.«

Umesh sieht Purushottam mit einer Mischung aus Faszination und Entsetzen an. Hätte sein früherer Vorarbeiter nicht ebenso von dieser neuen Abteilung gesprochen, würde Umesh sich fragen, ob dieser Mann vielleicht verrückt geworden sei. Er bemüht sich darum, sich nichts anmerken zu lassen und ihm ruhig zuzuhören. Ausführlich erklärt Purushottam ihm mit vor Begeisterung geröteten Wangen die einzelnen Vorgänge in diesem Raum und erzählt, wie bahnbrechend es war, als er diese Techniken zuerst im Umfeld von Modemessen im Westen begutachten durfte, die er im Auftrag der Firma besucht hatte:

»Es gibt verschiedene Methoden der Veredelung, die wir hier anwenden«, erklärt dieser wie selbstverständlich, während der Mann mit den Haken einer neuen Hose diesmal kleinere, aber nicht weniger tiefe Schnitte am Gesäß zufügt. »Zunächst kommen alle Jeans hier in dieser Maschine in eine Lauge mit Steinen, in der sie so lange bearbeitet werden, bis die Farbe an den von uns gewünschten Stellen ausbleicht und die Hose getragen und alt aussieht.«

Umesh hört gebannt zu.

»Danach gibt es die Möglichkeit, hier mit Laser kleine Muster an bestimmte, von unserem Auftraggeber bei Kunden in der Zielgruppe getesteten Stellen, einzubrennen. Das sehen Sie hier.«

Die Jeans, auf die er weist, bekommen kleine Schnörkel, Blümchen, aber auch Totenkopfmotive eingebrannt. Der Stoff wird dort ganz hell und dünn.

»Wird der Stoff dort nicht schnell kaputtgehen?«, ringt sich Umesh zu einer Frage durch.

Purushottam lacht:

»Doch, natürlich, aber das soll er ja auch« und wendet sich schon dem nächsten Arbeitsplatz zu.

»Hier werden die Säume der Taschen, natürlich unten am Saum und manchmal auch andere beliebige Stellen der Hose mit Schmirgelpapier und anderen Utensilien bearbeitet, so dass der Stoff ausdünnt und ausfranst. Dieser Stil ist in Europa ganz besonders beliebt.«

Umesh schüttelt fassungslos den Kopf.

»Schön, nicht?«, fragt Purushottam und zeigt ihm voll Stolz ein besonders kunstvoll kaputtgeschmirgeltes Exemplar. »So soll es hinterher aussehen. Unsere Auftraggeber haben dafür lange geforscht, haben herausgefunden, wie und wo genau ihre Hosen nach jahrzehntelanger Benutzung diese veredelten Stellen bekommen, und möchten, dass wir dies möglichst naturnah nachbilden.«

Umesh wiegt den Kopf zum Zeichen, dass er verstanden hat, auch wenn er überhaupt nichts mehr begreift und sich fühlt wie in einer Parallelwelt, in der alles, was er für gut und schlecht, richtig und falsch gehalten hatte, auf den Kopf gestellt ist. Er sucht im Gesicht von Purushottam nach Zeichen für Ironie, doch dieser ist mit vollem Ernst, Eifer und ehrlicher Begeisterung bei der Sache.

»Und hier kommen wir zur schwierigsten und wichtigsten Aufgabe.« Sie nähern sich dem Arbeitsplatz, an dem den Hosen mit Haken riesige Schnitte zugefügt werden. »Hier sehen Sie unseren Kollegen Pradip, ein wahrer Meister auf seinem Gebiet. Er wird Sie unter seine Fittiche nehmen.«

Pradip begrüßt ihn mit einer kleinen Geste, dann wendet er sich wieder der Hose zu, die er gerade bearbeitet.

»Hier bekommen die Hosen Schnitte und Risse. Dabei darf keine genau der anderen gleichen. Hier ist Kreativität und Einfühlungsvermögen gefragt.«

Umesh muss sich zwingen, den Kopf zustimmend zu wiegen.

»Sie können hier Ihrer Phantasie fast freien Lauf lassen. Manchmal ist es besser, nur einen einzigen, scharfen und großen Riss anzubringen, manchmal kann man aber auch mehrere kleinere, kürzere untereinander setzen oder auch einfach nur runde Löcher in den Stoff schneiden. Wichtig ist, dass die Ränder und Kanten dann noch ausgefranst werden, erst dann ist die Veredelung hier abgeschlossen.«

Er zeigt es Umesh an einem besonders zerstörten Objekt, bei dem der Oberschenkel kaum noch mit dem Unterschenkel der Hose verbunden ist. »Diese Hose ist für einen unserer italienischen Auftraggeber.

Sie wird im Laden in Rom, Mailand, London oder New York 500 Dollar oder sogar etwas mehr kosten. Natürlich darf es davon nicht zu viele geben, sonst beschweren die Käufer sich darüber, dass zu viele andere mit dem gleichen Veredelungsgrad herumlaufen, und das wiederum ist schlecht.« Umesh fasst den langen, schrägen, ausgefransten Schnitt an, wie um zu begreifen.

»Dieses Exemplar ist Kollege Pradip besonders gut gelungen, finden Sie nicht?«, meint Purushottam anerkennend. Umesh wird einer Antwort enthoben, indem Purushottam gleich fortfährt: »Und hier, diese kleinen Risse unterhalb des Gesäßes sind auch etwas ganz Besonderes. Weiter oben sollten diese Schnitte nicht sitzen, das wäre unvorteilhaft, aber Risse hier am unteren Ende des Gesäßes, haben einen besonderen Reiz für viele der europäischen und amerikanischen Kundschaft.«

Er nimmt eine Lupe und zeigt Umesh, wie besonders genau hier die Ränder ausgefranst wurden. Das ist wichtig. Er weist auf Modemagazine aus dem Westen, die als Vorlagen für die Arbeiter an den Arbeitsplätzen liegen.

»Und viele der jüngeren Leute, vor allem auch der jungen Damen, haben es besonders gern, wenn man durch den Riss oberhalb des Knies einen Teil der Schenkel oder durch einen geschickt angebrachten Schnitt unterhalb des Gesäßes auch die Unterhose kurz aufblitzen sehen kann.« – Er zwinkert Umesh vielsagend zu. »Sie werden da sicher schöne eigene Ideen entwickeln. Wir glauben an Sie.«

Purushottam sieht auf seine Uhr: »Ich muss jetzt in eine Besprechung. Pradip wird Sie heute noch etwas genauer in alles einführen. Seien Sie morgen früh pünktlich zu Schichtbeginn wieder hier, dann sehen wir, wie Sie sich anstellen«, und verabschiedet ihn.

9

Den Nachmittag verbringt Umesh damit, erste Techniken zur »Veredelung« der Hosen zu erlernen, und es kommt ihm fast unrecht vor, dass er seinen Lohn nun nicht für die *Erzeugung* von Hosen bekommen soll, sondern dafür, sie zu *zerstören*, und dass er dafür sogar mehr bekommt als für die Näharbeit, die er zuvor gemacht hatte.

Als Pradip merkt, dass es ihm schwerfällt, lacht er: »Ja, anfangs muss man sich überwinden, aber du wirst schon sehen: mit der Zeit macht es richtig Spaß«, und er reißt mit dem Haken ein Dreieck aus dem Oberschenkel einer Hose, das dann wie eine Klappe nach unten fällt.

Umesh sieht ihm aufmerksam zu, schließlich will er sich die Gehaltserhöhung verdienen und sich keine Schande machen.

Bei den ersten fällt es ihm so schwer, dass ihm die Hand mit dem Haken zittert. Er muss sich regelrecht mit angehaltenem Atem und aller Konzentration zwingen, das zu tun, was man hier von ihm erwartet, und alles andere ausblenden.

Zu Hause erzählt er nur von der Gehaltserhöhung, die man mit einem Kinobesuch feiert. Sobald er die erste Auszahlung erhalten hat, wird Asha ihre Bücher, Rashmi ihre Brille und Sushmita neue Schreibstifte bekommen. Irgendwann würde man dann das Dach reparieren und irgendwann würde er Lakshmi und seiner Mutter neue Saris kaufen können. Das freut ihn unbändig. Was er genau in der neuen Abteilung zu tun hat, darüber schweigt er. Es kommt ihm einfach zu absurd vor, Lakshmi und den Mädchen davon zu erzählen.

In der Fabrik erweist er sich als gelehriger Schüler. Er verdrängt sein Unbehagen und tut, was eben in der neuen Abteilung zu tun ist. Er versucht, es gut zu machen, auch wenn es ihm nicht leichtfällt und er merkt, dass er früher mit größerer Freude zur Arbeit gegangen ist als jetzt. Einmal hatte er Pradip zaghaft gefragt, ob er denn verstand, was sie da taten, doch er hatte ihn nur verwundert angesehen: »Natürlich! Wir veredeln die Jeans so, wie sie in Europa und Amerika modern sind, und wir machen es gut.«

Umesh versuchte, sich mit der Antwort zufriedenzugeben, doch es gelang ihm nicht. Je länger er in der neuen Abteilung arbeitete und je besser er die seltsame Behandlung der Jeans beherrschte, desto deutlicher spürte er, dass er eine Antwort brauchte.

Nur: wer konnte sie ihm geben? Wer konnte ihm erklären, wieso man in Europa und in Amerika ein Vermögen für eine kaputte Hose ausgab, wieso dort anscheinend der etwas galt, dessen Hose am stärksten zerstört war und nicht der, der auf seine Würde und Ehre achtete. Seine neue Arbeit stellte sein Weltbild und alles, woran er immer geglaubt hatte, auf den Kopf. Manchmal dachte er, die Europäer und Amerikaner seien wahrscheinlich einfach völlig verrückt geworden, aber so einfach konnte die Erklärung auch wieder nicht sein.

10

Nach einigen Wochen ringt er sich dazu durch, Lakshmi und den Kindern zu erzählen, worin seine neue Arbeit bestand, und sie zu fragen, wie sie darüber dachten. Schließlich gingen die Mädchen zur Schule. Vielleicht verstanden sie ja, was er nicht begriff.

Zuerst sahen sie ihn verständnislos und ungläubig an, dann lachten sie laut.

»Machen sie sich vielleicht über uns arme Menschen lustig?«, wollte Rashmi wissen.

»Vielleicht ist es einfach so, dass wenn die Hose schon kaputt ist, sie sich keine Sorgen mehr machen müssen, wenn sie sie auch selbst ein bisschen kaputt machen?«, meinte Sushmita.

»Vielleicht ist es dort, wo man diese Hosen kauft, sehr heiß und die Löcher machen es angenehmer, sie zu tragen?«, schlug Lakshmi vor, doch sie waren sich schnell darüber einig, dass man dann doch eher Hosen aus anderen Stoffen kaufen würde. Auch hier in Indien war es sehr heiß, aber deswegen würde doch niemand seine Ehre hintanstellen und Löcher in seine Hosen schneiden … Sie diskutierten den ganzen Abend, bis schließlich Asha meinte:

»Wisst ihr, wir können noch viele Stunden überlegen, wir werden es nicht verstehen. Ich glaube, die Antwort kannst du nur von jemandem bekommen, der dort lebt und diese Sachen kauft.«

»Natürlich«, erwiderte Umesh, »aber ich kann doch auch mit keinem sprechen, der das kauft. Ich kenne doch niemanden von diesen Leuten. Das sind alles Frauen und Männer in Amerika und in Europa. Wie soll ich sie sprechen?«

»Ich hab's«, Asha schnippt mit den Fingern. »Wie wäre es denn, wenn du einen Brief an den Käufer oder die Käuferin einer solchen Hose schreiben lässt und ihn irgendwo in der Hose versteckst, damit er in Europa oder Amerika gefunden wird?« Der Vorschlag wird mit großer Aufregung aufgegriffen und weitergesponnen:

»Du kennst doch Dilip in der Verpackungsabteilung. Der wird dir doch bestimmt helfen können, den Brief in eine der Hosen zu stecken, bevor sie verladen werden.«

Umesh nickt. Asha hatte recht: so könnte es gehen. Aber wer sollte ihm den Brief schreiben?

»Aber es gibt doch Vijay«, warf schließlich Lakshmi ein.

Vijay, der Schreiber. Zu ihm konnte man gehen, wenn man irgendetwas schriftlich verfasst haben musste oder wenn man Post bekommen hatte, die man nicht lesen konnte. Dokumente, Briefe, Kommunikation mit Behörden, für alles das war Vijay für die Analphabeten und Ungebildeten der Gegend zuständig. Er besaß eine alte, schwarze Schreibmaschine, deren Klappern Umesh sehr gern hörte. Bei einem Buchstaben hatte die Maschine einen Fehler, er tanzte immer irgendwie aus der Reihe. Vijay musste dann mit der Hand hineinfassen und den Typenhebel wieder in die Ausgangsposition drücken und jammerte dann immer über »diese alte Remington, die sich beim h verhakt«. Umesh fand diese tanzenden Buchstaben sehr schön, auch wenn Vijay ihn dafür auslachte und sich immer wieder vornahm, sich eine neue, moderne Schreibmaschine zu kaufen oder – noch lieber – einen dieser modernen Computer und Drucker, aber das musste ein Traum bleiben, das konnte er sich nicht leisten, und dafür fiel in der Gegend auch zu oft der Strom aus.

Umesh hatte Vijays Dienste früher oft in Anspruch genommen, doch seit die Mädchen zur Schule gingen, konnten sie manches davon erledigen, und er brauchte ihn nur noch selten.

Vijay war so alt wie er, sie waren gemeinsam aufgewachsen, aber Vijay hatte die Möglichkeit gehabt, zur Schule zu gehen, seinen Abschluss zu machen, Fremdsprachen zu lernen, und so hatte man die Nähe verloren, die man in der frühen Kindheit gehabt hatte. Bei allem Neid, den Umesh ihm gegenüber empfand, war das freundschaftliche Gefühl geblieben, auch wenn er sich darüber ärgerte, wie abfällig Vijay immer über seine eigene Tochter sprach und wie sehr er Umesh damit aufzog, dass er zu weich gewesen war, etwas dagegen zu tun, Vater von drei Mädchen zu werden und zu bleiben. Vijay hatte nach der Tochter zwei Söhne bekommen, sein Leben war perfekt.

Man unterhielt sich, wenn man sich auf der Straße traf. Manchmal besuchte Umesh ihn in seiner Schreibstube und man trank gemeinsam einen Chai, tauschte Neuigkeiten aus. Vijay war der Mann, der ihm jetzt helfen konnte. Gleich am nächsten Tag würde er ihn besuchen und den Brief in Auftrag geben.

Es musste ein Brief auf Englisch sein, darüber war man sich schnell klar. Und natürlich konnte Vijay einen Brief in dieser Sprache verfassen.

11

In dieser Nacht schlief Umesh wieder besser als in den Nächten zuvor, und er freute sich sogar auf den neuen Tag. Er wollte in den nächsten Tagen besonders kreativ sein, nahm er sich vor, damit derjenige, der die Hose mit dem Brief bekam, sie wenigstens schön fand und zufrieden war. Das würde die Bereitschaft, zu antworten, sicher vergrößern.

An jenem Arbeitstag überlegte er lang, was für eine Hose er auswählen sollte, um den Brief darin zu verstecken. Es musste auf jeden Fall eine Männerhose sein, das war ihm von Anfang an klar gewesen. Eine Frau aus der Ferne anzusprechen, das wäre ihm ungebührlich erschienen. Er wollte, dass den Brief ein gutsituierter Mann in den besten Jahren fand, kein junger Bursche von zwanzig. Daher nahm er eine Größe, die nicht ganz schlank war, aber einem gestandenen Mann mit guter Figur passen musste, der auf sich achtete. Und er nahm keines der besonders extrem zugerichteten Exemplare. Wer so eine extreme Hose kaufte, der würde seine Frage nicht verstehen, der musste so tief in der Welt verankert sein, das schön zu finden, dass er sich nicht mehr in einen Arbeiter wie ihn hineindenken konnte. Er wollte keinen extremen Menschen fragen, sondern einen gemäßigten, einen, der anscheinend dem Trend folgen, dabei aber nicht zu weit gehen wollte.

Als ihm das klar war, war seine Entscheidung schnell getroffen: es sollte eine sein, die ausgefranste Taschen und Säume, leichte, mit Laser eingebrannte Falten in der Leiste, aber keinen Schnitt irgendwo und kein echtes Loch hatte. Er legte die Hose beiseite, sagte Pradip, er wolle am nächsten Tag noch daran weiterarbeiten und etwas ausprobieren, was kein Problem war. Man hatte Vertrauen zu ihm gefasst und ließ den Arbeitern in der Abteilung einige Freiheiten.

Nach dem Ende seiner Schicht beeilt er sich, zu Vijay zu kommen, der ihn freudig begrüßt und gleich Tee aufsetzt. »Umesh, wie schön, dich wieder einmal zu sehen! Geht es dir gut?«

»Ja, ich bin befördert worden«, erwidert Umesh.

»Das ist ja wunderbar!« Vijay freut sich aufrichtig mit ihm. »Was ist denn deine neue Aufgabe?«

»Genau darüber will ich mit dir sprechen«, kommt Umesh ohne Umschweife zur Sache und erzählt, was ihm auf dem Herzen liegt. Vijay lacht herzlich angesichts der Absurdität des neuen Jobs und macht sich mit Freude gemeinsam mit Umesh an die Arbeit.

Nach wenigen Stunden und einigen Tassen Tee ist der Brief fertig. Sie haben ihn zuerst entworfen, Umesh hat diktiert, Vijay mit der Hand mitgeschrieben, einiges wieder korrigiert. Dann, als ihnen beiden der Brief so gefiel wie er war, hatte Vijay mit wichtigem Blick Papier eingespannt, und Umesh hatte das Klappern der Maschine genossen. Es war ihm, als würde ihn dieses Klappern einer fremden, anderen Welt ein bisschen näherbringen, ihn herausheben aus seinem Leben und dem Alltag, wie er ihn kannte, und ihn zu einem etwas besseren, weltgewandteren Menschen machen. Er beneidete Vijay in diesen Momenten aus tiefstem Herzen dafür, dass ihm diese Welt der Schrift und der fremden Sprachen offenstand, die ihn mit der Welt jenseits des Dorfes und auch jenseits des Landes verband, aber mehr noch als Neid fühlte er in diesem Moment Stolz darüber, dass er an dieser Welt ein bisschen teilhaben und durch Vijays Hilfe einen so wichtigen Brief versenden konnte.

Umesh trägt ihn voll Stolz nach Hause und am nächsten Tag zusammen mit einem Familienfoto in die Fabrik. Er hatte noch etwas Geld in dieses Foto investiert, weil er fand, dass es sich gehörte, sich und die Familie dem Fremden auch mit einem Bild vorzustellen, es war einfach höflicher und zeigte dem Fremden vielleicht auch deutlich, wie ernst ihm, Umesh, seine Frage war. Er hatte seine beste Kleidung angezogen, wie es sich gehörte, Lakshmi trug ihren besten Sari, Sushmita ihre schönste Kleidung; für Asha hatte er sich etwas bei Vijay ausgeliehen, sie war aus ihren guten Sachen herausgewachsen. Eigentlich hätten die Mädchen alle ihre Schuluniformen tragen sollen, das gehörte sich so für Kinder, die zur Schule gingen, und man war stolz auf die Uniform und trug sie bei jedem irgendwie »offiziellen«

Anlass – und ein Foto anfertigen zu lassen, das war ein solcher Anlass, aber es war Uniform-Waschtag gewesen, der einzige Wochentag, an dem die Kinder in Zivilkleidung zur Schule erscheinen durften, weil die Uniform zu Hause trocknen musste. Nur Rashmi hatte ihre Uniform noch nicht gewaschen und konnte sie für das Bild tragen. Das Foto, das er am nächsten Tag abholen konnte, gefiel ihm gut. Würdig sahen sie aus, alle fünf, so sollte es sein.

Dilip hilft ihm gern, das Foto und den Brief in die rechte Gesäßtasche der ausgewählten Jeans zu stecken. »Wohin wird die Sendung gehen?«, will Umesh wissen. »Das weiß ich auch nicht. Ich verpacke sie nur, später werden die Kartons verteilt«, meint Dilip und verschließt den Karton sorgfältig. »Möge er ein gutes Ziel finden.«

II.
Irgendwo in Deutschland …

1

Aufgewühlt sitzt Markus Eichhorn an seinem Schreibtisch und versucht, die Ereignisse des hinter ihm liegenden Tages zu ordnen, zu begreifen und ihnen irgendwie gerecht zu werden. Vor ihm liegen zwei dünne, mit einer alten Schreibmaschine, deren kleines h fehlerhaft war und immer aus der Reihe tanzte, beschriebene und mit einem Namen und einem Fingerabdruck unterzeichnete Blatt Papier gemeinsam mit einem Foto, das einen vor der Zeit gealterten Mann, eine Frau und drei sehr scheu wirkende Mädchen aus einer völlig fremden Welt zeigt. Er hat das Bild und den Brief vor wenigen Stunden gefunden. Selten in seinem Leben hat ihn etwas so berührt wie diese sehr einfachen, sehr ehrlichen Worte eines indischen Arbeiters. Auf zwei Blättern Papier in einer oft rührend hilflosen Sprache erschließt sich ihm die Welt, das Leben, das dieser Mann und seine Familie führen.

Markus Eichhorn spürt aus jeder Silbe die Mühe, die dieser Mann sich gemacht hat, um ihm, dem fremden, anonymen Käufer einer Hose, diesen Brief zu schreiben und ihm eine Frage zu stellen, die dem Mann offenbar ein großes Anliegen war. Was für einen unglaublichen Weg hatte dieser Brief zurückgelegt und was hatte dieser indische Familienvater alles unternommen, um ihn auf den Weg bringen zu können.

Markus Eichhorn lächelt. Wieder und wieder liest er den Brief, den der Verfasser, der Analphabet ist, einem Schreiber diktiert und mit einem Fingerabdruck unterzeichnet hat. Wieder und wieder sieht er sich das Foto an, das fünf Menschen zeigt, die etwas unsicher in ihren offenbar besten Kleidern in die Kamera schauen. Eines der Mädchen trägt eine viel zu große runde Brille und eine sehr hübsche Schuluniform, auf die es offensichtlich sehr stolz ist.

Markus Eichhorn ist eigentlich kein Mensch, der spontan oder gar kopflos oder über-emotional auf Situationen reagiert. Er gilt als besonnen, beherrscht, kühl kalkulierend, und das muss er in seiner Position im oberen Management einer Reederei auch sein. Menschlichkeit, ein guter Kontakt zu seinen Mitarbeitern und den einfachen Arbeitern der Firma ist ihm immer wichtig gewesen, und er denkt auch an sie und ihre Familien, wenn es darum geht, Entscheidungen zu treffen, die Jobs kosten könnten, aber er lässt sich normalerweise nicht so leicht von etwas aus der Bahn werfen. Er ist selten sprach- oder ratlos, gilt als souverän. Dass ihn dieser Brief, dieses Foto so sehr aufwühlt, mehr als vieles andere, was ihm im Laufe seines Lebens begegnet ist, überrascht ihn, doch er kann sich dem Gefühl, der seltsamen Bindung zu einem völlig fremden Menschen, einer völlig fremden Familie, nicht entziehen.

Er hatte nur eine Hose kaufen wollen. Eine neue Jeans für den Urlaub mit seiner jüngsten Tochter in seinem Ferienhaus in der Camargue. Es würde vielleicht eine der letzten Gelegenheiten gemeinsamer Ferien sein. Leonie war 17, nächstes Jahr würde sie ihr Abitur an der International School machen wie ihre beiden älteren Geschwister vor ihr und dann ihrer eigenen Wege gehen, genau wie Anna, seine älteste Tochter, die kurz vor der Promotion stand und ein Studienjahr in Vancouver absolvierte, und Max, sein Sohn, der seit zwei Jahren in Cambridge studierte.

Er hatte die Kinder eigentlich erst nach der Scheidung von seiner Frau so richtig kennengelernt. Er war zu jung Vater geworden, wie er selber fand, war mit dem eigenen Studium und dann dem Aufbau seiner Karriere beschäftigt, war viel unterwegs, selten zu Hause, als die Kinder klein waren. Sie liefen nebenher, er wusste kaum etwas über sie, kannte sie nicht wirklich. Heute ist ihm das schmerzlich bewusst, und er weiß, dass er etwas Wichtiges im Leben versäumt hat. Aber er weiß auch, dass es nicht anders möglich gewesen wäre, sonst wäre er heute nicht da, wo er jetzt ist, hätte seine Ziele im Leben nicht erreicht.

Anfangs wusste er nicht viel mit den dreien anzufangen, wenn sie nach der Scheidung zu ihm kamen, er plötzlich allein mit ihnen zurechtkommen, etwas mit ihnen unternehmen, Gesprächsthemen finden musste, ohne dass seine Frau als Vermittlerin und Puffer zwischen ihnen war. Doch genau das war der Weckruf und Wendepunkt seines Lebens gewesen, den er gebraucht hatte. Ohne die Scheidung wären die Kinder ihm sicher weiterhin fremd geblieben, es hätte keine Annäherung und kein Vertrauen gegeben und es wäre ihm vieles versagt geblieben, was ihm heute wichtig ist im Leben. Er ist sich sicher, dass er den dreien zentrale Werte vermittelt hatte, den Glauben an sich selbst, die Wichtigkeit, sich zu bilden, weil einen nur das frei und unabhängig machte, Vertrauen in das eigene Gefühl bei einer anstehenden Entscheidung, Offenheit im Umgang mit anderen Menschen. Und er ist sich sicher, dass es ihnen gelungen ist, ein Vertrauensverhältnis aufzubauen. Sie würden zu ihm kommen, wenn sie Probleme hätten, das weiß er und darauf ist er stolz.

Auf die beiden Wochen in der Camargue mit Leonie freute er sich schon lange. Mit dem heutigen Hosenkauf hatte er ihr eine Freude machen wollen. Sie hatte sich so sehr gewünscht, ihn wenigstens in diesen Ferien mal in entspannter, »cooler« Garderobe zu sehen, wie sie es nannte. Schließlich sei er erst 46, jung, schlank, sehe gut aus, sie wolle mit ihm angeben, hatte sie ihm erklärt und ihn in die teure

Herrenboutique ihres Bekannten Charly geführt, wo er sie unbedingt eine Jeans für ihn aussuchen lassen sollte; »ein bisschen kaputt muss sie aber schon sein, Papa, sonst siehst du aus wie ein Spießer«, hatte sie ihm erklärt, und er hatte sich seufzend gefügt.

Eigentlich mochte er diese neumodischen, künstlich kaputt gemachten Hosen überhaupt nicht, und er konnte nicht verstehen, wieso es als »hip« galt, in solcher Kleidung herumzulaufen, wieso Kleidung, die nicht kaputt war, als spießig galt und wieso es dieser Generation, die alles hatte, der alle Möglichkeiten offenstanden, so wichtig war, in Kleidung herumzulaufen, für die sich die meisten Menschen auf der Welt schämen würden. War es Anbiederung an die Benachteiligten der Welt? – Schämte man sich dafür, dass man sich gute Kleidung kaufen konnte? – Das konnte es nicht sein, denn dann würde man doch in echten Lumpen herumlaufen, die eigene alte Kleidung auftragen, bis sie Löcher hatte und in Fetzen hing. Das aber tat man gerade *nicht*. Man kaufte neue Sachen, die aber aussehen mussten, als habe darin schon jemand jahrzehntelang Schwerstarbeit verrichtet. Markus Eichhorn fand den Trend beängstigend und dekadent, aber er sah auch ein, dass es keinen Sinn machte, sich gegen etwas zu stellen, was anscheinend alle moderne Welt momentan liebte und haben wollte.

Dass diese kaputten Jeans noch dazu fast das Dreifache von normalen Jeans kostete, machte ihn vollends ratlos, aber er wollte Leonie die Freude nicht verderben, und so hatte er sich breitschlagen lassen, eine der gemäßigteren leicht zerschlissenen Jeans zu kaufen, eine, die wenigstens keine Löcher, Schnitte oder Risse aufwies, wohl aber abgewetzte und ausgefranste Stellen an den Hosentaschen und Säumen sowie permanent eingebrannte Falten in der Leiste. Ihm gefiel die Hose nicht sonderlich, aber er wollte Leonie die Freude machen, und zur Camargue und den Ausritten mit den wendigen, kleinen Camargue-Pferden passte sie auch irgendwie.

Zu Hause hatte er die Jeans dann noch mal anprobiert, um sich ein bisschen daran zu gewöhnen, hatte versucht, den Geldbeutel in die hintere Tasche zu stecken – und dabei den Brief und das Foto gefunden, das ihn so sonderbar anrührte.

Seither hatte er die Hose neben das Bild und die Zeilen auf seinen Schreibtisch gelegt. Er stellte sich Umeshs Hände vor, die sie mühsam bearbeitet hatten, und er musste lächeln angesichts der Absurdität der Situation.

Sein Blick schweift zwischen dem Foto aus Indien, dem Brief, der Jeans hin und her und bleibt dann an seinen eigenen Familienbildern auf dem Schreibtisch hängen. Gemeinsame Fotos aus der Zeit, als die Kinder klein waren, ein Bild von ihm mit den dreien, als Leonie mit ihren dunklen langen Haaren und großen braunen Augen etwa im Alter von Umeshs kleinster Tochter Sushmita gewesen sein musste und verträumt einer Seifenblase hinterhersah. Alle fünf sahen so entspannt aus, als könne ihnen nichts auf der Welt etwas anhaben. Selbstbewusst, salopp gekleidet im Urlaub, fröhlich die Zukunft erwartend. Immer wieder blickt er zwischen diesem Bild und dem Foto aus Indien hin und her – und wendet sich dann wieder dem Brief zu.

Er will ihn beantworten, heute noch, bevor er losfährt. Ernsthaft und ausführlich. Er will diesem Mann und dieser Familie die Hand reichen, das steht für ihn fest, auch wenn er noch nicht weiß, wie und vor allem noch keine Ahnung hat, wie er seine sehr ernste und wichtige Frage beantworten soll.

Noch hat er Leonie nichts von seinem Fund erzählt, er brauchte Zeit, um selbst darüber nachzudenken. Es war wie ein Schatz, den er zuerst für sich allein begreifen musste, bevor er ihn mit anderen teilte. Nun beschließt er, sie in sein Arbeitszimmer zu rufen, wie früher, wenn es etwas zu besprechen gab.

2

»Was ist los? Ist alles okay?«

»Ja, natürlich, ich möchte dich nur etwas fragen, mein Schatz. Setz dich.«

Sie setzt sich aufs Sofa, schlägt lässig die Beine übereinander. »Ja?«

»Wir haben doch heute diese Jeans für mich gekauft.«

»Ja, klar.« Offenbar versteht sie immer weniger, worauf ihr Vater hinaus, worüber er mit ihr sprechen will.

»Und du hast mir immer wieder erklärt, es sei ›hip‹, sie zu tragen, und ›cool‹ und ›abgefahren‹ und all so was.«

»Ja, genau. Unspießig halt. Die Hose steht dir wirklich, du kannst so was tragen, das ist doch kein Thema, über das wir jetzt eine Krisensitzung abhalten müssten.« Sie schüttelt den Kopf.

»Darum geht's mir gerade auch gar nicht. Ich würde nur ganz ernsthaft wissen, ob es außer ›hip‹ und ›cool‹ und ›schick‹ und ›unspießig‹ noch ein anderes, wirklich ernsthaftes Argument dafür gibt, weshalb Jeans heutzutage kaputt gemacht werden müssen, damit sie als angemessen gelten. Ich versteh's einfach nicht und suche nach einer Erklärung. Einer ernsthaften, mit der man etwas anfangen kann.«

Leonie zuckt mit den Schultern. »Papa, du bist komisch. Es ist einfach unspießig. Ach, ich weiß auch nicht … Wieso ist dir das so wichtig? Wenn du nicht mit der Mode gehen willst, vergiss es einfach, ich wollte dir ja nur eine Anregung geben. Wir können die Jeans bestimmt noch zurückgeben oder du schenkst sie Max.«

Markus Eichhorn schüttelt den Kopf: »Darum geht es gar nicht. Ich würde die Hose nie und nimmer zurückgeben, und ich werde sie jetzt im Urlaub auch tragen und danach in Ehren halten.«

Leonie sieht ihn erstaunt an.

»Aber ich möchte gern eine Antwort finden, die wirklich trägt. Es ist mir wichtig.«

Er nimmt den Brief, das Foto, hält einen Moment inne, bevor er ihn ihr reicht: »Das habe ich in der Hosentasche dieser Jeans gefunden. Ich glaube, darüber werden wir in der nächsten Zeit noch viele gute und wichtige Gespräche führen.«

Leonie versteht nicht.

»Lies es in Ruhe und sag mir dann, was du dazu meinst.«

Verwundert nimmt sie den Brief, sieht sich das Bild an, runzelt die Stirn und liest. Ihr spöttischer, überlegener Blick wird immer ernster. Zwischendurch hält sie immer wieder inne, schluckt. »Das ist ja Wahnsinn« oder »Da bekommt man Gänsehaut.« Nach wenigen Zeilen hat sie Tränen in den Augen, ihre Haltung spannt sich und sie liest sorgfältig, Wort für Wort, damit ihr nichts von diesem Brief entgeht:

3

»Sehr geehrter Herr!«, steht da auf Englisch. »Namaste und sehr herzliche Grüße aus Indien. Sie werden sich sicher wundern, diesen Brief in Ihrer

Hose zu finden. Ich hoffe, Sie werden mir vergeben. Ich möchte Sie nicht belästigen. Sie müssen ein sehr kluger und ehrbarer Mann sein, sonst könnten Sie sich eine Hose wie diese nicht kaufen, und es wäre mir eine große Ehre, wenn Sie mir erlauben würden, mich Ihnen vorzustellen und Ihnen eine Frage zu stellen, die meine Familie, Freunde und mich seit einiger Zeit beschäftigt und auf die wir einfach keine Antwort finden.

Ich bin ein 35-jähriger Mann aus Indien. Mein Name ist Umesh Naik. Der Name meiner Frau ist Lakshmi. Wir haben drei Töchter. Die älteste ist beinahe 13 Jahre alt und heißt Asha, die mittlere ist zehn Jahre alt und heißt Rashmi, die jüngste ist sechs Jahre alt und heißt Sushmita. Meine Frau und ich sind Analphabeten, wir hatten nicht die Möglichkeit, eine Schule zu besuchen, wir haben immer gearbeitet. Daher habe ich einen Freund von mir, der Bildung genießen durfte, gebeten, diesen Brief in meinem Namen zu schreiben.

Momentan arbeite ich in einer sehr schönen modernen Fabrik, die Blue Jeans für Sie in Europa und Amerika herstellt, und ich mache diese Arbeit sehr gern.

Das Wichtigste in meinem Leben ist, meinen Töchtern eine gute Ausbildung zu ermöglichen, weil es ihre einzige Chance in unserem schönen Land ist, ein gutes Leben zu führen. Dafür arbeite ich so viel ich kann, und vielleicht wird mein Wunsch in Erfüllung gehen, wenn ich weiterhin hart genug arbeite. Ich habe einen guten Chef, der mir einen guten Lohn bezahlt.

Bisher habe ich einige Jahre lang in der Abteilung gearbeitet, die die schönen Jeans zusammennäht, die Sie tragen. Vor kurzem bin ich befördert worden, bekomme 15 % mehr Lohn und muss dafür diese schönen Hosen kaputt machen. Wir schneiden mit einem großen Haken Löcher hinein, bleichen den Stoff aus, fransen den Saum und die Taschen aus. Ich verstehe das nicht. Ich habe immer davon geträumt, mir irgendwann so eine schöne Hose wie die, die wir zusammennähen, kaufen zu können, aber so eine Hose kann ich mir nicht leisten.

Jetzt, da ich die Hosen kaputt machen muss, hat man mir gesagt, dass so eine Hose bei Ihnen im Westen so viel kostet wie eine gute Schulbildung für alle meine drei Töchter für ungefähr fünf oder sechs Monate und dass Sie im Westen diese kaputten Hosen lieber mögen und viel mehr dafür bezahlen als für die guten, die keine Löcher und stabile Säume haben.

Meine Freunde, meine Familie und ich haben immer wieder darüber diskutiert, aber wir verstehen das nicht. Daher habe ich eine große Bitte an Sie: Könnten Sie mir erklären, warum Sie eine Hose, die ich kaputt gemacht habe, schöner finden und dafür mehr bezahlen als für eine, die keine Fehler hat? Ich möchte das sehr gern verstehen und dann auch meine neue Arbeit mit noch größerer Freude erfüllen.

Ich wünsche Ihnen und Ihrer Familie, wo auch immer Sie leben, Gesundheit und Erfolg. Möge das Glück weiterhin immer bei Ihnen und bei denen sein, die Sie lieben. Ich habe mir mit Ihrer Hose besonders viel Mühe gegeben und hoffe, dass sie Ihnen lange Freude bereiten wird.
Hochachtungsvoll und in Demut,
Ihr Umesh Naik und Familie.«

Signiert war der Brief mit einem Fingerabdruck, daneben fand sich die Adresse und Telefonnummer von Vijays Schreibstube: »Falls Sie mir antworten möchten, erreichen Sie mich am besten über meinen Freund Vijay.«

Aus dem Schleswig-Holsteinischen Landboten,
Rubrik Vermischtes aus aller Welt, Oktober 2008
»Durchlöcherte Hosen und ein Brief«
Überraschende Post erreichte kürzlich den Industriellen Markus E. aus L. In der Tasche einer neu gekauften Jeans fand er einen Brief vor, den ein indischer Arbeiter in der Herstellerfabrik an den Käufer der Hose geschrieben hatte. Er bat ihn darin, ihm zu erklären, weshalb seit einiger Zeit im Westen Jeans, die Löcher, Risse und Beschädigungen aufweisen, beliebter seien als solche, die unbeschädigt seien. (...) Markus E. war von dem Brief tief berührt. Er musste dem Inder die Antwort zwar nach eigener Aussage schuldig bleiben, weil er das selbst nicht versteht, aber der Brief habe ihn »tief bewegt« und bildete den Anfang einer ungewöhnlichen Freundschaft zwischen den beiden Fami-

lien. (...) Markus E. hat inzwischen Kontakt zu dem indischen Arbeiter aufgenommen, und er hat sich entschlossen, die Kosten für die Schul- und Ausbildung, ggf. auch ein Studium der drei Töchter des Arbeiters zu übernehmen. (...) »Er hat mich um nichts gebeten, aber es ist für mich eine Selbstverständlichkeit, diesem Mann die Hand zu reichen«, erklärt Markus E., selbst Vater dreier Kinder, der sich nicht weiter zum Thema äußern möchte. Die Situation von Mädchen ist in Indien nach wie vor schwierig, ihre Hochzeiten bringen auch heute noch viele Familien in den Ruin, und höhere Bildung ist für die Kinder, insbes. die Töchter, aus benachteiligten Familien immer noch kaum zu erreichen. (...) Dank der Unterstützung aus Deutschland werden diese drei Mädchen bessere Chancen für ihre Zukunft bekommen. (...) Persönlich kennengelernt haben die beiden Familien sich noch nicht, aber Markus E. plant schon bald eine Reise mit seiner Familie nach Indien. Der Boutiquenbesitzer Charly S., der uns von dieser Geschichte berichtete, ist stolz darauf, dass sein Geschäft indirekt zu dieser Freundschaft zwischen den Welten beigetragen hat.

DER JUNGE IM BUS

Schaukeln, dröhnen, vibrieren. Der Bus ist alt, klapprig, schlecht gefedert. Die Sitzbezüge sind aufgerissen, durchgescheuert, man kann die Polsterung sehen. Manche wurden auch mutwillig aufgeschlitzt. Die Scheiben sind schmutzig, zum Teil wurden Botschaften hineingeritzt oder daraufgeschmiert. Der Junge kann sie nicht lesen. Der Junge kann überhaupt nicht lesen. Er wird es wahrscheinlich nie können. Niemand wird ihn je in eine Schule schicken. Wer sollte sich auch darum kümmern? Und Bücher und Hefte und Stifte bezahlen? Und wie sollte er auch täglich hinkommen mit seinem schlimmen Bein? Es war schon immer so. Er kam wohl so auf die Welt, er kennt es nicht anders. Eines seiner Beine ist kürzer als das andere, und er zieht sein zu kurzes Bein beim Gehen hinterher. Es fällt ihm schwer, zu gehen. Andere Leute haben kein Bein, das sie nachziehen. Manchmal fragt er sich, wie sich das anfühlt und ob das Leben dann leichter ist. Manchmal fragt er das seinen Vater, der ihn dann aber immer nur etwas ärgerlich ansieht und sagt »Ach, Junge …« und seufzt. Wahrscheinlich haben es die Menschen mit normalen Beinen sogar schwerer, sie können nämlich nicht gratis Bus fahren so wie er.

Wegen seines schlimmen Beins ist der Junge behindert, und wenn man behindert ist, darf man gratis im Bus fahren. Mit einer Begleitperson, das ist Gesetz in Bulgarien, und das ist gut so. Die Begleitperson ist sein Vater, und die beiden fahren Bus. Jeden Tag. Den ganzen Tag. Der Vater hatte die Idee, und es war eine gute Idee.

Im Bus ist es warm. Meistens jedenfalls. Draußen ist es sehr kalt. Überall liegt Schnee. Wenn der Junge und sein Vater aussteigen müssen, weil es Nacht ist und die Busse dann nicht fahren und man sie nicht im Bus schlafen lässt, auch nicht, wenn man behindert ist, dann müssen sie nach Hause laufen, einen anstrengenden Weg durch die Kälte zu ihrer kleinen Wohnung in Ustovo, einem Ortsteil von Smoljan, seiner Heimatstadt. Sie wohnen nicht weit vom Busbahnhof entfernt, aber für den Jungen ist es ein beschwerlicher Weg. Die Schuhe des Jungen sind aufgerissen, die Sohlen hängen nur noch an ein paar Stellen am Oberleder fest. Die des Vaters sehen auch nicht viel besser aus. Der Vater stützt dann den Jungen, schleppt ihn fast, und so kämpfen sie sich langsam jede Nacht durch den Schnee nach Hause und ganz früh morgens, noch bevor es hell wird, wieder zum Bus, damit sie den ersten des Tages erwischen und sie wieder die Wärme fühlen, die sich im Bus ausbreitet, sobald er eine Weile fährt.

Zu Hause ist es kalt. Die winzige Wohnung in einem baufälligen, heruntergekommenen Haus besteht nur aus einem Raum. Der Wind zieht durch die Ritzen. Das kleine Fenster ist mit Pappe zugeklebt. Einen Ofen können sie sich nicht leisten. So wenig wie Essen. Manchmal steckt jemand im Bus dem Jungen etwas zu. Etwas Kleingeld, ein paar Bissen, eine Ahnung von Glück, auch wenn er sich gleichzeitig ein bisschen schämt, auf solche Geschenke angewiesen zu sein. »Wir betteln nicht!«, hat ihm sein Vater immer wieder eingeschärft, und er sieht meistens weg, wenn der Junge etwas zugesteckt bekommt. Meistens ist es zu wenig, um das dumpfe Hungergefühl zum Verstummen zu bringen, und der Junge sieht immer sehnsuchtsvoll zu, wenn Menschen mit etwas zu essen in den Bus einsteigen oder draußen vorbeilaufen und ein Stück Brot in der Hand haben oder einen Apfel oder sogar eine Orange.

Der Bus fährt auch an Lokalen vorbei. Drinnen sitzen und stehen Menschen und essen und reden, es ist offenbar warm, denn sie tragen keine Mäntel. Der Junge fragt sich manchmal, wie es sein muss, einfach dort hineingehen und sich satt essen zu können. In einem warmen, wohlriechenden Raum. Träume. Sie fahren an den Lokalen immer nur vorbei, und das wird nie anders sein. Der Junge weiß das.

Für ihn ist es das Leben, dieses Fahren und Schaukeln, die Geräusche, der Dieselgeruch, der immer gleiche Rhythmus, die Orte, deren Namen er kennt, ohne dass er etwas anderes mit ihnen verbindet als die Fahrt mit dem Bus. Plovdiv, Asenovgrad, Khvoyna, Chepelare, Progled. Dazwischen das Bachkovo-Kloster inmitten der Berge, nach dem er immer wieder Ausschau hält, wenn er nicht zu erschöpft ist, und das für ihn ein Märchenschloss ist, eine Burg mit einem mächtigen runden Turm im Zentrum und vielen massiven Häusern aus Ziegeln drumherum. Das leicht mulmige Gefühl im Magen, wenn der Bus sich über die Serpentinen die holprige Straße nach Smoljan hochkämpft – in seine Stadt –, und das noch viel mulmigere Gefühl, wenn er danach den Weg zurück nach unten zu schnell fährt, um wieder im Fahrplan zu sein. Unten, am anderen Ende der Busstrecke, liegt Plovdiv, eine der größten Städte Bulgariens. Der Junge und sein Vater fahren immer hin und her zwischen Smoljan und Plovdiv. Von frühmorgens bis spätabends. Solange der Bus fährt.

Es soll sehr schön sein in Plovdiv. Es soll ein römisches Zentrum geben und Hügel und moderne Bauten und bunte Häuser, hat der Junge gehört. Sie sind noch nie ausgestiegen in Plovdiv. »Warum sollten wir das tun?«, fragte der Vater nur, als der Junge das einmal wollte, »dann fährt doch der Bus weg, und wir müssen draußen herumlaufen und frieren, bis irgendwann der nächste kommt. Das wäre nicht gut«, und der Junge hat es eingesehen. In die Kälte und mit den kaputten Schuhen und seinem schlimmen Bein herumlaufen, das will auch er nicht, obwohl er gern sehen würde, wie schön Plovdiv wirklich ist und was das ist, das »römische Zentrum«.

Manchmal bleibt der Bus auf den Serpentinen nach Smoljan stecken, wenn es zu sehr geschneit hat oder es einen Unfall gab. Wenn der Bus hält und die Türen sich öffnen, die kalte Luft nach innen strömt, schaudert der Junge und versucht, sich noch fester in seine einzigen abgenutzten Kleider zu verkriechen, aus denen er langsam herauswächst.

Manchmal findet der Vater Arbeit. Früher hat er oft auf den Tabakfeldern geholfen. Heute macht er manchmal Holz oder hilft auf Baustellen als Hilfsarbeiter aus. Dann fahren sie nicht im Bus, und der Junge friert. Danach gibt es dann manchmal etwas Holz, um Feuer zu machen, und etwas Brot. Das ist es, was der Junge meint, wenn jemand von Glück spricht. Glück ist, Feuer zu haben, etwas Brot, Schuhe ohne Löcher, warme, trockene Kleidung. Aber glückliche Tage sind selten, und so fahren sie eben Bus. Schon seit vielen Monaten. Der Winter ist lang.

Manchmal fragen Leute den Jungen verwundert, wieso er den ganzen Tag Bus fährt, wenn sie ihn morgens sehen und abends schon wieder und merken, dass er noch genauso dasitzt, immer auf dem gleichen Platz, und nicht ausgestiegen ist zwischendurch. »Weil es warm ist«, sagt er dann. Die Leute schauen dann meistens betroffen. Besonders die Fremden mit den Skiern und warmen Skianzügen, Mützen und Handschuhen, die seit einiger Zeit in diese Gegend kommen, um hier Ski zu laufen, wissen dann immer nicht, was sie sagen sollen. Manchmal schenken sie ihm eine Münze oder einen Apfel oder ein Stück Brot, aber das kommt nicht so oft vor. Die meisten Fahrgäste sind Einheimische, und die haben selber nicht viel und müssen sehen, wie sie zurechtkommen.

Wann der Junge zuletzt etwas gegessen hat, das weiß er nicht genau. Manchmal finden sie etwas in einem Mülleimer, aber auch das ist selten. Die Menschen werfen nichts weg. Sie brauchen es.

Nachts nimmt der Vater ihn ganz fest in die Arme, versucht, so viel wie möglich von seiner alten, abgewetzten Weste auch über den Jungen zu breiten, damit er nicht so friert. Sein Vater summt leise eine Melodie, wenn er den Jungen beruhigen will und sich selbst. Das ist schön. Der Junge mag es, wenn sein Vater summt, es brummt so schön ruhig.

Sie schlafen auf einer Matratze auf dem Boden, auf die sie gegen die Feuchtigkeit alte Zeitungen gebreitet haben, die sie von Zeit zu Zeit austauschen, wenn sie eine weggeworfene finden. Der Junge schaut dann immer die Bilder an, die manchmal ferne Orte zeigen oder Menschen, die aussehen wie aus einer anderen Welt, so sauber und gepflegt und reich. Er mag die Bilder und die Buchstaben. Er würde die geheimnisvolle Welt gern kennenlernen, auf der er liegt, aber das geht eben nicht. Man muss wissen, was geht und was nicht. Das ist wichtig im Leben, sagt sein Vater immer. Und Schule, das geht für ihn eben nicht.

Die Nächte sind lang in ihrem Zimmer, und der Junge sehnt den Morgen herbei, wenn die Busse wieder fahren. Schaukelnd, nach Diesel riechend, dröhnend und vibrierend. Meistens kann er dort besser schlafen. Träumen. Sich das Leben vorstellen, das andere Menschen führen, die, deren Bilder in den Zeitungen sind oder auf Plakaten oder die er durch die Fenster in den Lokalen sitzen sieht. Das Leben der Fremden, die manchmal sogar aus fernen Ländern hierherkommen, um Wintersport zu machen, zu wandern oder die Gegend zu besichtigen und manchmal ein Stück mit im Bus fahren und ihm manchmal mit verlegener Geste etwas schenken ... Das Leben, das er führen würde, wenn er drei Wünsche bei einer Fee frei hätte.

Wo seine Mutter ist, weiß der Junge nicht. Der Vater redet nicht über sie, und der Junge kann sich nicht an sie erinnern. Sie müsste zurückkommen, wenn die gute Fee käme. Und es müsste warm sein und trocken und etwas zu essen geben. Und er müsste zur Schule können und lesen und schreiben lernen und die geheimnisvollen schönen Zeichen entziffern können, die ihm für eine bessere Welt stehen. Oder in einem Restaurant arbeiten, wo es warm ist und gut riecht und er immer etwas zu essen bekäme, aber das geht nicht mit seinem schlimmen Bein, und außerdem sind das ja schon mehr als drei Wünsche.

Wo er das mit der Fee und den drei Wünschen herhat, das weiß er nicht. Vielleicht von seiner Mutter. Aus einer Zeit, an die er sich nicht erinnern kann. Oder vielleicht hat er es gehört, als andere Leute im Bus davon gesprochen haben.

Die Leute sprechen über vieles im Bus, und der Junge hat gelernt, zuzuhören. Sie fluchen über die Preise, die gestiegenen Kosten für alles, den strengen Winter, die schlechte Arbeit. Manche reden davon, dass ihre Kinder zur Schule gehen und dass sie Bücher kaufen müssen oder was es zum Abendessen gibt oder dass sie am Meer waren; davon hat vor ein paar Tagen eine Frau gesprochen, die einen warmen Pelzkragen an ihrem Mantel hatte.

Es muss schön sein, das Meer. Davon hat er gehört und Bilder in den Zeitungen gesehen. Und manchmal sagt jemand was von »Europa« und dass alles besser wird, wenn man zu dieser Gemeinschaft gehört. Dann horcht der Junge immer auf. Ihr Land Bulgarien liegt auch in Europa, hat sein Vater gesagt, aber die Menschen haben es vergessen, jedenfalls diesen Winkel. Der Junge findet das traurig. Viel mehr weiß der Vater darüber auch nicht, außer dass dazu auch reiche Länder gehören wie Frankreich, Deutschland und England, wo die guten Fußballspieler herkommen, von denen er manchmal reden hört, wie Beckham und so. Und dass man sich in Europa gegenseitig hilft.

»Manchmal sprechen die Leute vom *Haus* Europa«, hatte er ihm erklärt. Ein Haus, in dem jedes Zimmer wie ein eigenes Land ist, aber alle vereint unter einem Dach, und man füreinander da ist wie in einer großen Familie, in der man sich hilft, wenn einer mal keine Arbeit hat oder kein Geld oder krank ist. Das muss ein schönes Haus sein, hat der Junge sich gedacht. Und bestimmt ist es dort warm, und es gibt Arbeit und niemand muss hungern. Und irgendwie denkt er jetzt immer wieder an dieses Europa. Mehr als an die Fee. Und für ihn sieht es aus wie das Bachkovo-Kloster, das er so wunderschön findet, das so mächtig, geheimnisvoll und uneinnehmbar zwischen den Bergen liegt und an dem oft die Fremden aussteigen, wenn sie mit dem Bus fahren. Vielleicht leben sie dort. Im Haus Europa. Es ist ein riesiger Bau aus Ziegeln mit Türmen und Bögen und Fenstern. Es muss schön sein, dort ein Zimmer zu haben …

Aber warum man die Gegend zwischen Smoljan und Plovdiv vergessen hat in diesem Europa, das kann ihm der Vater nicht erklären. »Frag nicht so viel«, heißt es dann. Oder »du mit deinen dummen Ideen«.

Aber davon träumen, das darf man ja, beschließt der Junge und versucht, in den Zustand zu kommen, den er wohl fühlen nennt. Nicht ganz so schön wie Glück, aber beinahe, so wie das Schaukeln und Vibrieren des Busses, den Geruch nach Diesel, die Wärme, die paar Bissen, die er dann und wann im Magen hat, die vorbeiziehende Landschaft, die sein Leben ist, die Welt da draußen.

»Frag nicht so viel!«, sagt sein Vater, wenn er etwas über Europa wissen will oder wissen will, warum sein Bein zu kurz ist und sie immer hungrig sein und frieren müssen. »Weil es keine Arbeit gibt«, sagt sein Vater oder »Weil es eben so ist«. Und der Junge fragt schon lange nicht mehr, weil der Vater dann immer gleich schlechte Laune bekommt.

Sich wohl zu fühlen heißt auch, sich zu freuen am Morgenrot, durch das Fenster des Busses betrachtet, wenn man selber es warm hat, oder am Sonnenuntergang nach einem Tag, an dem es etwas zu essen gab. Und immer wieder am Blick auf das Bachkovo-Kloster, das wie das Haus aussieht, in dem die Fee wohnen könnte. Oder Europa. Die Hoffnung, in welcher Gestalt auch immer.

»Schlaf ein bisschen, Junge«, die Stimme des Vaters, das vertraute Brummen, »du brauchst nachher Kraft für den Heimweg.«

Schlafen ist gut. Im Schlaf kann man überall sein und jeder, der man sein will. Manchmal ist er dann ganz leicht und frei und muss sein Bein nicht nachziehen und spürt seinen Körper nicht und kann beinahe fliegen und fremde Länder besuchen und Europa, das ihm plötzlich offensteht. Aber dann wacht er wieder auf, und es ist alles genauso wie vorher.

Draußen ist es schon dunkle Nacht. Die letzte Fahrt. Einmal noch die Serpentinen hoch nach Smoljan, dann müssen sie wieder aussteigen und nach Hause gehen. Die Tür steht lange offen. Viele Menschen steigen ein und bringen die Kälte mit. Der Junge kauert sich in die Arme des Vaters.

Die Türen schließen sich, die Menschen murmeln. Manche starren ihn an. Viele kennen ihn schon, beachten ihn gar nicht mehr. Er gehört dazu, zu diesem Bus, dieser Strecke, diesem Leben. Der Busfahrer lächelt manchmal, wenn sie einsteigen. Dann denkt der Junge: »Das wird bestimmt ein guter Tag.« Ein Lächeln bedeutet immer etwas Gutes. Heute hat der Busfahrer gelächelt, und schon für die Zuversicht, die darin lag, ist der Junge dankbar.

Schaukelnd und ächzend erkämpft der Bus sich seinen Weg. Asenovgrad liegt hinter ihnen. Irgendwie ist der Junge plötzlich nicht mehr müde. Vorfreude macht sich in ihm breit. Er richtet sich auf, reckt und streckt sich, er kann es kaum noch erwarten. Ein paar Minuten noch, dann wird es hinter der Wegbiegung liegen. Er zieht sich hoch, setzt sich auf die andere Seite des Ganges. Sein Vater sieht ihn verwundert an. Seit Monaten fahren sie Bus. Und seit Monaten sitzen sie immer auf demselben Platz. Noch nie ist der Junge aufgestanden und hat die Seite gewechselt.

Der Junge lächelt, wischt mit der Hand die Scheibe frei und presst seine Nase dagegen. Gleich kommt Bachkovo. Und das Kloster.

»Was ist denn los?«, fragt der Vater und setzt sich zu ihm, berührt ihn am Arm. Der Junge weiß nicht, wie er es erklären soll. Er will nicht, dass der Vater ihn auslacht, seinen Traum zerstört. Er will nicht nur schaukelnd und rüttelnd die Welt an sich vorbeiziehen sehen, aber das kann er ihm nicht erklären. Er will die Hoffnung festhalten, auch wenn andere sie für dumm halten mögen. Wie zu sich selbst murmelt er: »Ich will nur noch einmal einen Blick auf Europa werfen.«

Die Geschichte basiert auf einer wahren Begebenheit, veröffentlicht auf der Homepage der Deutschen Humanitären Stiftung:

»**Helfer finden halberfrorenes
und ausgehungertes Kind**«
*Unsere Helfer in Smolyan haben am 05.02.06 ein halberfrorenes und ausgehungertes Kind in einem Bus gefunden. Das Kind war schwerbehindert. Wie sich jetzt herausstellte, lebte das Kind mit seinem Vater alleine in einer Einzimmerwohnung, die unbeheizt war. Hunger kannten die beiden schon, und als der Vater keinen Ausweg mehr hatte, setzte er den Jungen jeden Tag in den Bus und fuhr mit ihm hungernd von einem Dorf zum anderen. Leisten konnte sich der Vater die Busfahrt, da sein Junge mit dem Schwerbehindertenausweis kostenlos Bus fahren darf.«
Der Junge und sein Vater werden inzwischen vom Hilfsprojekt der Stiftung betreut.

DER TANZ AUF DEM BALKON

I

»Vende-se« steht auf einem handgeschriebenen, mit breitem Paketband notdürftig unter einem kaputten Fenster an einer heruntergekommenen Hauswand befestigten Schild. »Zu verkaufen«. Dazu eine Telefonnummer. Ein Preis steht nicht dabei. Das Haus liegt in einer der Gassen von Silves, einer historischen Stadt im Süden Portugals, dort, wo Europa endet. Die Häuser daneben sind restauriert, mit sauber gestrichenen Fassaden, Balkonen, neuen Fenstern und Klimaanlagen. Das zum Kauf stehende Haus dazwischen wirkt dennoch nicht wie ein Fremdkörper. Typische Gegensätze dieser Stadt, auf deren Kopfsteinpflaster schon die Araber gelaufen sein sollen, als sie das Land vor Hunderten von Jahren beherrschten.

Lange steht der alte Mann vor dem Haus, dem Schild, fragt sich, welche Geschichte sich hinter diesen Mauern, diesem Verfall verbergen mag. Hier hat die Zeit ungehindert ihre Spuren hinterlassen. Wäre er jünger, würde er darüber nachdenken, das Haus zu kaufen, zu restaurieren, noch einmal ganz von vorne anzufangen. Doch für solche Neuanfänge ist es zu spät. Dafür müsste man zwanzig Jahre jünger sein, denkt sich der alte Mann oder wenigstens zehn, und er fragt sich, wann die Unabänderlichkeit seines Lebens eigentlich genau angefangen hat. Wann hat er eigentlich aufgehört, daran zu glauben, dass er jederzeit ein ganz neues Leben beginnen könnte? Der alte Mann kann den Zeitpunkt nicht benennen. Es muss schleichend gekommen sein, und das erschreckt ihn. Ein Zeichen dafür, dass er wirklich alt geworden sein muss. Der Gedanke schmerzt ihn. Schnell wendet er sich ab, geht lieber weiter.

Der kleine Spaziergang nach dem Essen ist zur Routine geworden. Manchmal muss er sich überwinden, doch er will in Bewegung bleiben, wenigstens das.

Ein bisschen ist ihm in den letzten Jahren diese Stadt, diese Gegend, zur Heimat geworden. Seit vielen Jahren gönnt er sich bei jeder Gelegenheit eine oder zwei Wochen hier, mietet sich das immer gleiche Zimmer in einer Pension in den Bergen von Monchique, die eigentlich nur Hügel sind, mit Blick zum fernen Meer, genießt die Ausflüge in die leicht melancholische Landschaft um Portimão, Estômbar, Loulé, Almansil oder wie heute nach Silves. Es ist die Gegend, in der er am besten zu sich kommen kann, die Gegend, in der er am meisten eins werden kann mit sich selbst und mit der Zeit. Vielleicht weil dieser Teil der Welt für ihn das richtige Maß zwischen Fremdheit und Vertrautheit verkörpert. Irgendwie bekommt die Zeit, die Gegenwart hier eine andere Bedeutung als zu Hause, irgendwie wiegen die Dinge hier weniger schwer. Die Macht der Natur wird ihm hier bewusster, mehr als zu Hause im Norden Deutschlands.

2

Wie diffuse Musik schwappen die Klänge der Stadt aus den Straßen und Häusern, vermengen sich zu einer Brandung aus Tönen, in der der alte Mann aufgeht, sich geborgen fühlt.

Vielleicht wird es das letzte Mal sein, dass er durch diese Straßen geht, denkt der alte Mann plötzlich, das letzte Mal, dass er hierhergekommen ist. Der Gedanke raubt ihm für eine Schrecksekunde den Atem, und er versucht, ihn wegzuschieben. Niemand weiß schließlich, ob er irgendetwas vielleicht gerade zum letzten Mal tut. Allerdings wächst mit zunehmendem Alter natürlich die Wahrscheinlichkeit, dass solche beklemmenden Gedanken Wirklichkeit werden, und manchmal setzen sich die damit verbundenen Ängste in ihm fest, lassen ihn nicht mehr los.

Kinder spielen auf den Straßen, gehören wie selbstverständlich auch zum nächtlichen Stadtbild, anders als in Deutschland. Fröhlich kickt ein Mädchen ihm einen Ball vor die Füße. Lächelnd spielt er ihn zurück, das Mädchen lacht, freut sich offenbar, einen »Spielkameraden« gefunden zu haben, spielt ihn ihm wieder zu, eine Szene, die er zu Hause in Lübeck so nie hätte erleben können. Er empfindet es wie ein Geschenk.

Der alte Mann wird sich klar, dass seine Erscheinung immer noch positiv auf andere wirken muss, sonst würde das kleine Mädchen nicht so offen auf ihn reagieren. Mit einer Bewegung, die fast ein Tanzschritt sein könnte, spielt er den bunten Ball lachend wieder zurück, winkt dem Mädchen zum Abschied zu und freut sich darüber, dass seine Haltung immer noch aufrecht ist, sein Gang in den guten Stunden des Tages immer noch elegant, leicht federnd. Seine große, schlanke Gestalt und sein Auftreten sorgen immer noch dafür, dass die Menschen aufsehen, wenn er des Weges kommt oder einen Raum betritt, was er mit Freude wahrnimmt. Er hatte immer Angst davor gehabt, ein gebeugter, verhärmter, vom Zahn der Zeit seiner Würde beraubter alter Mann zu werden. Das hat ihm das Schicksal erspart. Vielleicht war es auch dieses gewisse Maß an Rest-Eitelkeit, die verhindert hat, dass er sich gehenließ. Die Zeichen des Verfalls spürt er nur insgeheim, wenn die Gelenke beim Aufstehen schmerzen, die Luft nicht mehr reicht für eine längere Treppe, seine Probleme mit dem Herzen ihm zunehmend Grenzen setzen. Es hätte wahrlich schlimmer kommen können, denkt er mit Dankbarkeit – und kann sich doch nicht immer festhalten an diesem Trost.

Vor allem die manchmal aufflackernde Angst vor dem Ende ist es, die in einsamen Nächten zurückkehrt. Dann geht er spazieren, fühlt die klare Luft, den Wind, sucht die Sternbilder seiner Kindheit und spürt, wie sein Atem sich langsam wieder beruhigt, die Beklemmung weicht, die Ruhe und Leichtigkeit zurückkehrt, um die er sich bemüht. Schlimm war die Begrenztheit der verbleibenden Zeit, die verschwindenden Bruchteile in der Maßeinheit seines Lebens.

Der alte Mann hatte keine fassbare Zukunft mehr, nur noch die Gegenwart. Der Augenblick ist wichtig geworden in seinem Leben. Das Einzige, worauf er zählen kann. Sein Leben lang hatte er sich darum bemüht, die Gegenwart zu leben, doch was ein Augenblick wirklich bedeutete, erkannte er erst jetzt – und versuchte, jeden einzelnen davon auszukosten, ganz auszuleben.

Durch das Stundenglas seines Lebens ist in seiner Jugend Sand gerieselt, unbeachtet, gleichförmig, verschenkt, als würde immer genug davon da sein. Später wurde es Silber, dann Gold. Nun ist es schon lange Platin, das durch die Sanduhr seines Lebens läuft. Unschätzbar kostbar.

Zeit … Der alte Mann denkt viel darüber nach in diesen Tagen … Zeit ist nicht Geld, das ist dem alten Mann in dieser Phase seines Lebens bewusst geworden. Die grenzenlose Dummheit dieses unbedarft dahergesagten Spruches lässt die Wut über die Begrenztheit seiner Zeit immer wieder neu aufflackern. Zeit lässt sich nicht in Geld aufwiegen. Sie ist kostbarer als alle Reichtümer, aller Erfolg, aller Ehrgeiz. Sie ist unbestechlich, niemals käuflich und am Ende das Einzige, was zählt.

Zeit zu verschwenden, war das Privileg der Jugend. Sie musste es tun. Sie wusste es nicht besser. Es zeichnete die Jugend aus, verschwenderisch mit der Zeit umzugehen, sie für unendlich zu halten, sie zu verschleudern. Manchmal gibt es ihm einen Stich, an all die verschwendete Zeit seiner Jugend zu denken. Manchmal denkt er sich, das Jungsein werde eigentlich an die Falschen vergeudet, an Menschen, die noch nichts damit anzufangen wissen. Manchmal hätte er die leichtfertig verspielte Zeit seiner Jugend gern zurück. Jetzt wüsste er ihre Kostbarkeit zu schätzen.

3

Der alte Mann setzt sich auf eine Bank, zündet sich eine Zigarette an, obwohl er das besser bleibenlassen sollte mit seinem Herzfehler, der ihm immer öfter zu schaffen macht. Aber es ist viel zu spät, aufzuhören. Das hätte er vor vierzig Jahren tun sollen. Jetzt macht es keinen Unterschied mehr. Eines der Laster, die ihn begleiten.

Eine junge Frau lächelt ihm freundlich zu, er lächelt zurück, sie geht weiter. Für die Dauer des Lächelns, des Blickwechsels vergisst er sein Alter, ist er ganz er selbst. Sie hat ihn nicht angelächelt, wie man einen alten Mann anlächelt. Es lag keine Wehmut in diesem Lächeln, kein Mitleid. Es war das Lächeln, das eine Begegnung möglich scheinen ließ, einen Anfang, ein Gespräch hätte bedeuten können. Das Lächeln tat ihm gut, weil es ihn nahm, wie er war, und nicht sein Alter meinte. Manchmal lächelten ihn Frauen heute noch so an. Geschenkte Augenblicke der Lebensfreude.

Der alte Mann sieht nachdenklich dem Rauch der Zigarette nach. Viel zu schnell war sein Leben dahingerast. Je älter er wurde, desto schneller verging die Zeit, desto mehr verschoben sich die Zeitspannen in seiner Erinnerung. Was ihm vor drei, vier Jahren geschehen zu sein schien, lag in Wahrheit zehn oder zwölf Jahre zurück. Was ihm zwei Jahre zu dauern schien, währte in Wahrheit acht oder neun Jahre. Der Gedanke machte ihn atemlos.

Er hatte einfach nur gelebt, nichts geplant. Er hatte sich treibenlassen. Vieles hatte er nicht entschieden, es war einfach so geschehen und nun, durch die Zeit und sein Alter, endgültig geworden. Dass er keine Kinder hatte zum Beispiel. Es hatte sich einfach nie ergeben. Es schien ihm nie der richtige Moment, die richtige Frau, die richtige Lebensphase gewesen zu sein. Er hatte auch nicht viel darüber nachgedacht, früher, als noch Zeit dafür gewesen wäre. Er hatte zu sehr im Augenblick gelebt, lebensverändernde

Entscheidungen zu oft auf später verschoben, und dann hatte das Leben sie selbst getroffen. Nun war es endgültig geworden.

In dieser Phase seines Lebens empfindet er die Kinderlosigkeit zum ersten Mal als Verlust. Seine Kinder wären inzwischen erwachsen, vermutlich hätte er Enkel. Tatsächlich hatte er aber nicht einmal Nichten oder Neffen. Früher hatte er einen Bruder gehabt. Es kam ihm vor wie in einem anderen Leben und war ihm trotzdem so präsent, als wäre es gestern erst gewesen. Die Karl-May- und Jules-Verne-Bücher, um die sie sich stritten, die leere Schubkarre, die der kleine Bruder als Kind immer vor sich herschob, am liebsten bis ans Bett, als berge sie die ganze Welt und ihre Geheimnisse. Die erste heimlich gerauchte Zigarette, die ersten Rivalitäten um ein Mädchen. Und dann der Blick des Bruders beim Abschied, als er selbst an die Front zog. Sein »Pass auf dich auf, wir brauchen dich noch«.

Als Nächstes, fast nahtlos, sieht er sich an einem offenen Grab stehen, in das er mit der bloßen Hand Erde wirft, eine grausame Geste, wie er immer schon fand. Deutlich, als wäre es gestern gewesen, erinnert er sich an das feuchte, kühle Gefühl dieser Erde in seiner Hand, an ihren Geruch, und seither hatte der Geruch von Erde, das Gefühl auf seiner Haut für ihn etwas Beklemmendes, Unüberwindbares. Der kleine Bruder war im Volkssturm gefallen, zu dem man ihn in den letzten Tagen des Krieges noch einberufen hatte. Der alte Mann selbst war im Krieg verwundet worden, das hatte ihm vermutlich das Leben gerettet. Wie gern hätte er seinen kleinen Bruder jetzt bei sich. Wie gern würde er sehen, was das Leben aus ihm und ihrer Freundschaft gemacht hätte. Wie wunderbar wäre es, hier mit ihm zu sitzen, diese Phase des Lebens zu teilen, sie im Gespräch zu bezwingen oder in einem gemeinsamen Lachen. Sie hatten viel gemeinsam gelacht früher. Der alte Mann hat wenige Menschen, mit denen er lachen, sich ernsthaft unterhalten kann. Er hat es sich in den letzten Jahren angewöhnt, die Dinge mit sich selbst auszumachen. Die meisten seiner Freunde waren gestorben, bittere Erfahrungen auf seinem Lebensweg. Viele Freunde aus seiner Jugend aber hatten auch einfach geheiratet, waren Vater geworden, hatten keine Zeit mehr für Freundschaften, gingen auf in Beruf, Familie, Sonntagsausflügen, Alltag. Der alte Mann hatte in seinem Leben schon mehr Freunde an die Ehe verloren als an den Tod.

4

Nachdenklich zieht der alte Mann an seiner Zigarette. Die Glut färbt sich dunkelrot. Für einen Augenblick hält er den Atem an, lässt den Rauch dann ganz langsam durch Mund und Nase entweichen. Es beruhigt ihn.

Vielleicht hatten den alten Mann auch diese Beispiele vom Alltag abgeschreckt, selbst eine Familie zu gründen, denkt er manchmal. Nun bedauert er es und weiß doch, dass es müßig ist, etwas zu bereuen, das ihm in jener Phase seines Lebens, zu der es Zeit gewesen wäre, die Entscheidung anders zu treffen, nicht lebbar erschienen ist. Man musste den Preis für seine Entscheidungen zahlen, auch für die, die man nicht bewusst getroffen hatte. Es wäre dumm, damit zu hadern.

Der alte Mann wirft nach einem letzten, oberflächlichen Zug die Zigarette weg, tritt sie mit seinen gepflegten Schuhen auf dem Kopfsteinpflaster aus, das von den Schritten der Menschen über Jahrhunderte blankgeschliffen worden ist. Fast schimmert es im Licht der Straßenbeleuchtung. Ungezählte Generationen haben ihm seinen steinernen Glanz verliehen. Zeichen der Zeit, der Vergänglichkeit und des Bestehens.

Ein bisschen ist es immer wie nach Hause kommen, denkt sich der alte Mann. Dieses Pflaster, dieser Ort, diese Bank, die Geräuschkulisse ist ihm seit Jahrzehnten vertraut. Heimat in der Fremde.

Aus einem Lokal in der Nähe dringen Fado-Klänge, die Musik der wehmütigen Sehnsucht oder der sehnsüchtigen Wehmut. Melancholisch, immer kontrolliert, niemals stolz und überschäumend wie die Musik im Nachbarland Spanien. »Saudade« nennen die Portugiesen dieses ganz besondere Lebensgefühl. Eine lächelnde Traurigkeit. Grundstimmung in diesem Land der verlorengegangenen einstigen Größe.

Der alte Mann hört eine Weile zu. Gern würde er den Text verstehen. Und er spürt, wie sehr er die Musik vermisst. Er nähert sich dem Lokal, bleibt in der Tür stehen. Drinnen sieht er die kleine Musiker-Gruppe, eine Sängerin, begleitet von einer Gitarre und einem Akkordeon. Die Gäste hören aufmerksam zu, haben die Gespräche eingestellt. Der alte Mann lehnt sich gedankenverloren an den Türrahmen. Im Kopf analysiert er die Harmonien des Liedes. Unmerklich bewegt er seine Finger wie auf der Tastatur des Klaviers, das ihm jahrzehntelang Lebensinhalt gewesen ist, Beruf, bester Freund, Trost, Herausforderung, aber auch Partner, mit dem er sich auseinandersetzen musste.

Schon als Kind hatte ihn das Klavier im Haus der Eltern magisch angezogen, so war es naheliegend, dass er nach dem Krieg seinen Platz im Leben durch das Klavier und am Klavier suchte und auch fand. Er hat sein Leben lang in Bars gespielt, bei Fünfuhrtees in Hotels, auf Festen, später auch auf großen Kreuzfahrtschiffen.

Am Anfang war es schwer gewesen, Fuß zu fassen. Nach dem Krieg wollte man vor allem Bands hören, Combos, und in den siebziger Jahren machten die neuen Diskotheken den Bars das Leben schwer, aber irgendwie fand er immer einen Weg, ein Engagement, und wenn er manchmal auch nur für ein Bett und eine Mahlzeit spielte. Es hatte immer gereicht. Er brauchte nicht viel. Der Smoking, den er abends trug, war jahrelang derselbe.

Er hatte sich nicht wie viele seiner Kollegen eine große Musikerkarriere erträumt, die sich dann nicht erfüllte. Er wollte nie etwas anderes sein als das, was er war. Er war ein glücklicher Mensch.

Der alte Mann mochte die Atmosphäre der Bars und Lokale. Er mochte es, nach Feierabend noch mit den Gästen zu plaudern, mit den Verlorenen der Nacht. Er hat die Abende begleitet, an denen sich Menschen kennenlernten, sich verliebten, sich annäherten, hat auf mancher Hochzeit gespielt – und mit seinem Klavier manchen Verlassenen getröstet. Er hat die Atmosphäre geschaffen, die den Menschen das Gefühl eines besonderen Abends gab, den Glanz des zurückgedrängten Alltags. Er hat sie gern beobachtet, hat sie gern tanzen sehen. Und er hat auch selbst gern getanzt, was ungewöhnlich war für einen Musiker, doch das Gerede anderer Kollegen, »ein Musiker tanzt nicht«, hatte ihn nie gestört. Oft war er nachts noch irgendwohin gegangen, wo eine Band spielte und hat getanzt. Auch das vermisste er in seinem Leben nun.

Irgendwann hatte er plötzlich mehr Angebote, als er annehmen konnte. Vielleicht lag es an der immer mechanischer werdenden Unterhaltungsmusik, dass die Menschen wieder mehr die Bars suchten, wieder jemanden live spielen hören wollten, Melodien, die als solche erkennbar waren. Vielleicht hatte sein Erfolg auch viel mit seiner spürbaren Lebenserfahrung zu tun, seinem über die Jahre gewachsenen Repertoire. Ein älterer Barpianist war glaubwürdiger als ein junger, er hatte die Aura des gelebten Lebens, das war dem alten Mann irgendwann bewusst geworden. Plötzlich spielte er in den schönsten Hotels in ganz Europa und auf Luxuslinern. Zum ersten Mal in seinem Leben verdiente er richtig Geld, mehr, als er ausgeben konnte. Dabei waren nicht nur die Gagen höher geworden, auch die Trinkgelder erreichten in den Bars der großen Casinos Dimensionen, die er sich früher niemals hätte vorstellen können. Ein Spieler, der gerade gewonnen hatte, einer, der Glück brauchte und es durch seinen Lieblingssong zu finden glaubte, Verlierer, die sich trösten ließen, reiche alte Herren, die ihre Jugend wiederzufinden hofften in dem, was er spielte. – Sie alle steckten ihm Beträge zu, die ihm manchmal unglaublich erschienen.

So hatte er sich mit seinem Klavier ein beachtliches Vermögen erspielt. Manchmal fragte er sich, was damit geschehen würde nach seinem Tod. Er hatte keine Verwandten, er war allein. Vielleicht würde er es einer Stiftung vermachen, damit es doch noch eine Spur hinterließ auf dieser Welt. Nach seiner Rückkehr würde er sich damit beschäftigen und ein Testament aufsetzen, wie er es schon lange vorhatte. Das hat er in diesen Tagen beschlossen.

5

Dass er das Spielen, die Musik so vermisste, spürte er vor allem in Momenten wie diesen, hier in Silves, seiner »Stadt im Süden«, an der Tür zu einer Bar, in der drei Musiker Fado spielen.

Vor kurzem hatte er sich von seinem Klavier verabschiedet. Sein Herz machte die vielen Reisen nicht mehr mit, die langen Nächte. Seine Hände hatten die nötige Fingerfertigkeit nicht mehr. Er konnte sich darüber hinwegschummeln, kaum jemand hatte es bemerkt, aber er selbst merkte es, er hörte sich selbst nicht mehr gern zu. Das war der Moment gewesen, in dem er den Beruf aufgab. Ganz still, ohne Melancholie, gefasst. Ein letzter Abend irgendwann irgendwo in einem Grandhotel, ein letzter Drink mit dem Barkeeper, dann war er in sein Zimmer gegangen. Am nächsten Tag stieg er in den Zug zurück in seine Heimatstadt Lübeck. Still und ruhig. Es ist genug, hatte er sich gesagt, es war genug …

Das Klavier hatte er seither nicht mehr angefasst, dafür rauchte er mehr. Das war kein gutes Zeichen, wie er fand.

Die Sängerin hat ihr Lied beendet, erntet Applaus. Der Gitarrist geht mit einem Tamburin von Tisch zu Tisch, um ein paar Münzen einzusammeln. Der alte Mann legt einen Zwanzig-Euro-Schein hinein. Erstaunte Augen, eine Verbeugung vor dem eleganten alten Herrn. Die Dankbarkeit des Musikers ist ihm etwas peinlich. Die Sängerin stimmt ihr nächstes Lied an. Langsam löst sich der alte Mann aus der Tür und geht weiter. Für einen Moment fühlt er sich einsam unter all den fremden Menschen, der fremden Sprache, der fremden Musik in diesem fremd-vertrauten Land, das ihm manchmal wie eine Heimat ist und ihn manchmal in die Einsamkeit der Fremde stößt.

Der alte Mann betrachtet die Fassaden der Häuser, wendet den Blick nach oben, wie immer, wenn er sich aufrichtet gegen die beginnenden Rückenschmerzen, die ihn doch nie gebeugt haben. Er lächelt, als er das Schild wiedersieht, »Vende-se«.

6

Er biegt in die Rua Elias Garcia ein. Hier klingt das Leben. Menschen, Musik, Straßenlokale. An der Ecke bleibt der alte Mann stehen. Er betrachtet die kunstvollen blauen Fliesen, mit denen die Fassaden vieler Häuser hier verkleidet sind, unmittelbar daneben schmucklose, nackte Betonwände von Neubauten, manche mit Graffitis beschmiert.

Der alte Mann hält inne. Unwillkürlich, wie von Magie angezogen, blickt er nach oben, die abbröckelnde Fassade eines Hauses empor. Aus der Wohnung im niedrigen ersten Stock dringt Musik durch die geöffnete Balkontür. Kubanische Rhythmen.

Der alte Mann kann seinen Blick nicht mehr abwenden: Auf dem Balkon tanzt ein kleiner Junge. Er mag vielleicht sechs oder sieben Jahre alt sein. Mit vollkommenen, völlig natürlichen Bewegungen tanzt der Junge zur Musik – und er tanzt so, als sei er nur dafür geboren. Sicher, rhythmisch, voll Grazie und Lebensfreude. Fasziniert sieht der alte Mann ihm zu. Lange hat er nichts so spontan Ehrliches gesehen wie den Tanz dieses kleinen Jungen. Der perfekte Augenblick.

Nach einer Weile völliger Selbstvergessenheit bemerkt der Junge, dass er beobachtet wird und bleibt unvermittelt wie erstarrt stehen, legt die Hände an die Naht seiner kurzen Hose. Verunsichert sieht er den alten Mann mit weit aufgerissenen, aber freundlichen dunklen Augen an. Abwartende Stille. Der alte Mann lächelt.

»Tanz weiter, Junge, bitte, tanz weiter!«

Mit Gesten und Worten versucht er, ihm die Scheu zu nehmen, doch der Junge rührt sich nicht.

Ein ratloser Augenblick vergeht. Und noch einer. Der alte Mann hat Angst, dass der Junge sich einfach umdrehen, in der Wohnung verschwinden wird.

Und plötzlich beginnt der alte Mann, ganz und gar ungeplant, selbst zu tanzen.

Erst sind es langsame, zaghafte Bewegungen, die er irgendwo in sich wiederfindet. Er tanzt auf der Stelle, mit ruhigem Oberkörper, dann mit kleinen, schnellen Ausfallschritten nach links und rechts. Er tanzt mit Bewegungen, die er längst vergessen zu haben glaubte. Das von Jahrhunderten glattgeschliffene Kopfsteinpflaster wird ihm zum Parkett. Passanten bleiben stehen, beobachten ihn erstaunt. Es kümmert ihn nicht. Sein Blick ist nur auf den kleinen Jungen gerichtet, der immer noch auf seinem Balkon steht, die Hände an der Hosennaht, die Haare struppig abstehend und ihm direkt und abwartend in die Augen sieht.

Plötzlich geht ein Strahlen über das Gesicht des Jungen, und mit einem laut juchzenden Lachen beginnt er wieder zu tanzen. Schnell, rhythmisch, vollkommen. Der alte Mann und der kleine Junge sehen sich in die Augen. Sie tanzen wie in einer Choreographie, der alte Mann spiegelt die Bewegungen des Jungen, der Junge spiegelt seine. Sie tanzen, als hätten sie seit Jahren für diesen einen Augenblick geprobt, und doch ist jede Bewegung vollkommen spontan und natürlich. Nichts Einstudiertes, nichts Künstliches. Sie sind wenige Armlängen voneinander entfernt und tanzen miteinander über alle Grenzen aus Sprache, Kultur, Jugend und Alter hinweg. Hier und Jetzt. Nichts anderes zählt als dieser Tanz. Das Leben besteht für diese Sekunden nur noch aus Gegenwart. Die Menschen um ihn beginnen im Rhythmus zu klatschen. Wie aus weiter Ferne nimmt er es wahr.

Der alte Mann sieht den Jungen und sieht die Kinder, die er nie hatte, die Enkel, die nie geboren werden, sein Leben, das keine Spuren hinterlassen wird. Und er tanzt, mit diesem Kind, das ihm gerade den glücklichsten Moment der letzten Jahre schenkt. Er tanzt, wie er noch nie in seinem Leben getanzt hat, und er spürt, wie die Gegenwart sich vollkommen erfüllt in diesen wenigen, perfekten Augenblicken, hier und jetzt in der Rua Elias Garcia in seiner »Stadt im Süden«.

Eine Frau ruft mit rauer Stimme etwas aus dem Inneren der Wohnung. Der Junge hält inne, sieht den alten Mann bedauernd an, zuckt mit den Schultern und verschwindet.

Die Passanten applaudieren. Der alte Mann blickt nach oben. Die Menschentraube, die sich um ihn herum gebildet hat, löst sich auf. Der alte Mann bleibt stehen. Mit einem Taschentuch tupft er sich den Schweiß von der Stirn. Er ist außer Atem. Selten hat er sich so lebendig gefühlt.

7

Der alte Mann merkt nicht, wie lange er so dasteht, bis das Licht in der Wohnung ausgeht. Der Junge wird nicht zurückkommen. Da begreift er es schmerzlich, löst sich aus seiner Haltung, setzt sich ins Straßencafé gegenüber, bestellt einen Vinho Verde. Langsam zündet er sich eine Zigarette an, zieht den Rauch tief in die Lunge.

»You danced wonderful«, sagt die Kellnerin, die seinen Wein bringt, und er braucht einen Moment, um zu begreifen, dass sie ihn meinte. Sie lächelt ihn offen an. »Thank you, obrigado ...«, gibt er ganz in Gedanken zurück. Sie will sich schon abwenden, als ihm etwas einfällt. Er hält sie zurück, fragt sie, ob sie den Jungen kenne, die Familie, er habe noch nie einen Jungen so tanzen sehen. Lachend erklärt sie ihm, das sei Paulo Delgado, einer von fünf Geschwistern, der Vater arbeite als Fischer, der Junge sei großartig, etwas ganz Besonderes ...

Ruhig trinkt der alte Mann seinen Vinho Verde, umgeben von Menschen, ihrem Lachen, ihren Gesprächen in der Sprache, die er nicht versteht, raucht seine Zigarette. Immer wieder sieht er zu dem Balkon hoch, der verwaist daliegt, und fast scheint es, als habe er das alles nur geträumt.

»Paulo Delgado«, murmelt er leise, um den Moment in die Wirklichkeit zurückzuholen. Er braucht sich den Namen nicht einzuprägen, er weiß, dass er ihn nie mehr vergessen wird.

Irgendwann zahlt er seinen Vinho Verde und steht auf. Im Vorbeigehen sieht er sich das Straßenschild genau an, »Rua Elias Garcia«. Bevor er weitergeht, dreht er sich noch einmal um, bleibt einen Augenblick stehen, verabschiedet sich mit einem Blick, der von niemandem mehr erwidert wird.

Langsam verschwindet er in der Menge. Ein Lächeln liegt auf seinem Gesicht.

Aus einer Meldung im Online-Stadtmagazin von Silves:

»**Sechsjähriger erbt Vermögen von Unbekanntem**«
Der sechsjährige Paulo D. aus Silves, jüngster Sohn eines Fischers und einer Hausfrau, hat ein Vermögen von nahezu 200 000 Euro von einem unbekannten Gönner geerbt. Wie die Eltern des Jungen auf Anfrage erklären, haben sie nicht die geringste Ahnung, warum ihr Sohn Paulo mit dieser Erbschaft bedacht worden ist. Sie kennen den Gönner nicht, der aus Deutschland stammen soll. Seinen Namen geben sie auf seinen Wunsch hin nicht preis. (...) Auch Paulo selbst kann sich nicht erinnern, seinen ›Erbonkel‹ je kennengelernt zu haben. (...) Mit einem Teil des Geldes möchte die siebenköpfige Familie ihre Wohnverhältnisse (...) verbessern. Der Großteil wird für die Ausbildung Paulos zurückgelegt, der auf die Frage nach seinem Berufswunsch angibt, Rockstar werden zu wollen oder Fischer wie sein Vater. (...) Außerdem möchte er irgendwann nach Lübeck reisen, um wenigstens das Grab des Unbekannten zu sehen, der nach Auskunft des Testamentsvollstreckers an Herzversagen gestorben ist.

BILLY
ODER »DIE STUNDE DES KÖNIGS«

I.
1960

1

Behutsam zieht der Junge die dünne Haut der Fledermausflügel über die Blechbüchse, deren Deckel er mit seinem Taschenmesser entfernt hat. Er spannt die Haut so fest es geht, bindet sie mit einem Stück Schnur um die Dose. Dafür ist viel Erfahrung nötig. Anfangs war ihm die Fledermaushaut immer gerissen. Auch jetzt passiert es noch manchmal. Sie ist sehr empfindlich, aber er hat gelernt, damit umzugehen, so, wie er gelernt hat, Fledermäuse mit der Steinschleuder zu jagen. Jeder Junge aus seinem Dorf konnte das, aber er war einer der Besten.

Nachts gingen sie im Busch auf die Jagd. Der Junge liebte die Atmosphäre dieser Nächte, die Schwärme von Glühwürmchen, die eine ganz besondere, feierliche Stimmung zauberten, dazu das Konzert der Grillen, das sich für ihn solange er denken konnte, mit dem Gefühl verband, zu Hause, geborgen und sicher zu sein.

Für ihre nächtliche Jagd auf die Fledermäuse nutzten die Jungen Carbidlampen, in denen Wasser auf Calciumcarbid tropfte und ein Gas erzeugte, das man mit einer Flamme entzünden und mit einem Spiegel verstärken konnte. Mit viel Erfahrung stöberten sie die Tiere in den Schatten der großen Bäume auf, in denen sie tagsüber hingen.

Der Junge war besessen von den Büchsentrommeln, die sie aus der Haut der Fledermausflügel bastelten. Mit dem Stiel eines Blattes schlugen sie darauf, ein heller, eigentümlicher Ton. Jede Büchse eine andere Klangfarbe. Er sammelte sie, sammelte Büchsen und Klänge und Rhythmen.

Der Faden hält, die Haut ist richtig gespannt. Neugierig schlägt er sie behutsam zum ersten Mal. Ein heller, zarter und doch energischer Klang. Der Junge freut sich. Sie ist gelungen.

Er sieht nach oben. Keine Wolke am Himmel. Feuchte, flirrende Luft. Ein Schweißtropfen läuft ihm von der Stirn ins Auge. Es brennt. Er verzieht das Gesicht. Mit seinem T-Shirt wischt er sich über die Augen und die Stirn.

Noch Wochen bis zur Regenzeit. Er freut sich auf die Abkühlung, das Prasseln des Regens auf das moderne Blechdach des Hauses, auf das der Vater so stolz war, auch wenn es im Sommer die Hitze nur verstärkte, anders als die traditionellen Strohdächer der anderen Hütten in der Gegend. Der Junge liebte die Melodie des Regens, seinen Rhythmus, er ahmt ihn mit einem Büchsentrommelwirbel nach, geht ganz im Klang auf. Das ist seine Welt. Leise beginnt er zu singen: »Agbaé midzia gbana maaa ... Agbaé midzia agbana maaa …« Ein altes Volkslied, das er liebt. Aus der Ferne mischen sich Trommeln in sein Spiel. Weithin hörbar. Der Junge lauscht. Bald wird auch er »richtige Trommeln« zu spielen lernen. Er wird mit der Hand auf die Felle schlagen können, nicht nur mit Blattstielen, und man wird dazu tanzen, immer um ihn und die anderen Trommler herum. Bei jedem Fest. Er wird einer der besten Trommler werden, das hat er sich geschworen, und dazu übt er schon jetzt mit den Büchsentrommeln und Fledermaushäuten. Wenn sein Vater dann wieder einmal zurückkommen wird von seinen Touren durch das halbe Land, wird er bei einem Fest ihm zu Ehren spielen, dann würde er stolz auf ihn sein.

Wenn er so vor sich hinträumte, fühlte er sich wie ein König. Wie der König von Afrika sogar, obwohl der Junge natürlich wusste, dass man nicht König von Afrika sein konnte, weil der Kontinent aus vielen einzelnen Ländern bestand, die die Kolonialherren ohne Rücksicht auf Stammeszugehörigkeiten zurechtgeschnitten hatten. In Träumen war das egal. In Träumen konnte er nicht nur der König von Ghana sein, sondern auch der von Afrika, und wenn er wollte, sogar der König der ganzen Welt. Er träumte gern, vor allem wenn er vor sich hin trommelte und sang. Diese Stunden waren etwas ganz Besonderes für ihn. Momente, die nur ihm gehörten und in denen er ganz aufging. Heimlich nannte er eine perfekte Stunde wie diese seine »Stunde des Königs«.

2

Der Junge hat den Vater lange schon nicht gesehen. Vor der letzten Regenzeit war er wieder einmal aufgebrochen, um als Zimmermann den Menschen, die es sich leisten konnten, Betten zu bauen und Schemel, manchmal auch Tische und Stühle und kaputte Möbelstücke zu reparieren. Nur wenn man von Dorf zu Dorf reiste, konnte man als Zimmermann genug verdienen, um eine große Familie wie seine zu ernähren. Die Menschen in seinem Dorf und den umliegenden Siedlungen konnten den Vater nicht ausreichend mit Aufträgen versehen, die ihn und die Familie versorgten.

Der Vater hatte sieben Frauen. Die Mutter des Jungen war seine Hauptfrau. Sein Vater war ein lebenslustiger, überall beliebter Mann. Wenn er von seinen Reisen zurückkam, gab er immer ein großes Fest für das ganze Dorf, spendete Schnaps und eine Ziege, die feierlich geschlachtet wurde, so wie auch der Junge es lernen würde. Alle tanzten, lachten, feierten, aßen sich satt. Die Männer tranken. Sein Vater trank gern und viel. Und er sah den Mädchen nach, was den sieben Müttern gar nicht gefiel. Sieben Frauen ist genug, fanden sie. Doch der Vater lachte nur darüber und sagte, man müsse das Leben genießen, so lange es dauerte. Oft verbrachte er die Nächte dann allein, denn keine der Mütter des Jungen mochte bei ihm sein, wenn er wieder einmal allzu fröhlich war. Da waren sie sich einig und hielten zusammen, obwohl es manchmal auch heftige Eifersuchtsszenen unter ihnen gab.

Wenn der Vater nicht da war, war der Junge gemeinsam mit seinen Brüdern für seine Familie verantwortlich. So verlangte es die Tradition.

Tradition, das ist ein wichtiges Wort in seiner Welt. Die Tradition sagte ihm, was Männer taten und was Frauen, wer zuerst essen durfte und welche Teile des Tieres dem Mann und welche der Frau vorbehalten waren. Sie sagte ihm, wann er alt genug war, die erste Ziege zu töten, wie er das Messer zu führen hatte, die Aufgabe mit einem einzigen sauberen Schnitt auszuführen und wann er zum ersten Mal auch die Teile würde essen dürfen, die nur Männer aßen. Sie sagte ihm, wie man um die Hand einer Frau anhielt, welche Pflichten der Mann im Haus hatte, wie man die Schlafmatten aus Schilf zu flechten hatte, eine reine Männerarbeit, die er seit frühester Kindheit übte und schon gut beherrschte. Das Schwierigste dabei war das Ziehen der Blätter über den scharfkantigen Bambus, um sie weich zu machen. Seine Familie gehörte zu den wenigen, die echte Bettgestelle besaßen, aber nur der Vater besaß auch eine Matratze. Die Mütter und Kinder schliefen auf selbstgemachten Schlafmatten, die sie direkt in die Gestelle legten.

Die Tradition lehrte ihn, zu gehorchen, die Regeln zu kennen und ließ ihn wissen, was von ihm erwartet wurde. Beinahe in jeder Lebenslage. Sie gab ihm Sicherheit. Die Tradition gab seinem Leben eine Form, nahm der Zukunft ihren Schrecken, lenkte ihn. Sie gehörte zu seinem Land, seiner Kultur, seinem Stamm, dem Volk der Ewe, und darauf war der Junge stolz.

Wenn ihm eines Tages ein Mädchen gefiel, würde er zu seinem Vater gehen und ihm davon erzählen. Dann würden seine Eltern zur Hütte ihrer Eltern gehen und einen großen Topf Palmwein mitnehmen und verhandeln. Wenn die Eltern des Mädchens den Palmwein annahmen, war der Bund besiegelt, und er kam als Ehemann in Frage. In Frage kamen natürlich nur Männer, in deren Familien keine unheilbaren Krankheiten und kein Irrsinn, keine Epilepsie und keine Entstellungen aufgetreten waren. In der Familie des Jungen gab es so etwas nicht, er würde also jedes Mädchen zur Frau nehmen können, das er wollte. Brautpreise zahlte man schon länger nicht mehr in seiner Gegend.

Der Vater der Braut warf einen Stein auf seinem Land, so er welches besaß – und zwar so weit er konnte. Der Grund, der zwischen ihnen und dem Steinwurf lag, würde dem jungen Paar gehören. Dort würde der Mann dann ein Haus bauen und Felder bestellen. Felder, die die Familie ernährten, egal, welchen Beruf der Mann ausübte, so wie auch seine eigene Familie Felder bewirtschaftete, obwohl sein Vater Zimmermann war.

Wenn die Eltern des Mädchens dem Bund zugestimmt hatten, würde er prächtigen, farbenfrohen, kostenbaren Stoff kaufen, so viel er sich leisten konnte, und damit dem Mädchen einen Antrag machen. Das Mädchen konnte ihn ablehnen, aber er hatte noch nie von einem gehört, das das auch getan hatte. Und er würde schon dafür sorgen, dass er um ein Mädchen anhielt, das ihn auch mochte. Vorher würde er bei den Festen besonders schön für sie trommeln, sie nach seinem Rhythmus tanzen lassen, ihren Blick suchen, das stellte er sich oft vor. Von dem Stoff würde sie dann Kleider nähen. Und bestimmt würde sie wunderschön darin aussehen. Er würde die schönsten und prächtigsten und farbenfrohsten Stoffe kaufen, die man sich vorstellen konnte, das hatte er sich schon oft ausgemalt.

3

Selbstvergessen klopft der Junge mit dem Stiel eines Blattes auf die neue Büchsentrommel, gewöhnt sich an ihren Klang, sucht einen neuen Rhythmus unter dem Schatten der Bäume, in den er sich flüchtet, wann immer er kann.

Die drückende Hitze umfängt ihn auch dort. Selbst der nahe Fluss bringt keine echte Abkühlung. Wenn er aufrecht steht, ist der Schatten unter seinem Körper gerade so groß wie ein Teller. Es gibt keine echte Zuflucht. Wenn er seine Mutter irgendwo in der Ferne sieht, scheint sie sich in der Flimmerluft aufzulösen, ein flirrender Schatten zu sein, der verschwimmt und sich ihm nähert. Irgendwie unwirklich. An ihren Bewegungen kann er sie auch dann erkennen, und er fragt sich manchmal, wie er für andere aus der Ferne aussehen mag, wenn sein Körper in der heißen Luft flimmert, als würde er über dem Boden schweben.

In der Schule hatten sie gelernt, dass es anderswo auf der Welt furchtbar kalt war. Viel kälter als in den kältesten Nächten, die sie alle kannten. Viel kälter, als sie sich das vorstellen konnten. Dort gefror in manchen Zeiten sogar der Regen, der vom Himmel fiel. Die Menschen dort nannten das Schnee, und die Häuser und Schulen der Kinder in diesen fernen Ländern mussten mit Rohren versehen werden, durch die heißes Wasser lief, damit sie nicht erfroren. Das Wasser konnte dort ganz hart werden, so dass man auf einem See laufen konnte. Der Junge hatte das aufregend gefunden, auch wenn er wie einige seiner Freunde das nicht so ganz glauben konnte. Dass Wasser wirklich hart werden und man darauf laufen konnte wie auf einem Weg? – Nein, das kann es nicht geben.

Die Lehrerin hatte ihnen aber Bilder gezeigt. Postkarten, auf denen Menschen mit heller, feiner Haut, eingewickelt in dicke Jacken und Schals mit seltsamen Schuhen anscheinend auf einem See in einer weißen Landschaft liefen, daneben andere, die aus dem Schnee eine Figur gebaut hatten mit einer Möhre als Nase und einem Hut auf dem Kopf. Sollte also das mit dem Eis doch stimmen?

Die Bilder sind dem Jungen seither nicht mehr aus dem Kopf gegangen, und er träumt sich oft in diese phantastische Welt, wenn die Hitze ihn lähmt, schlittert mit den anderen Kindern in Schal und dicker Jacke in seinen Gedanken lachend über den gefrorenen See, baut eine Figur aus Schnee.

Wie es sich wohl anfühlen musste, Schnee in der Hand zu halten? Wie kalter, weicher Sand? Wie Mehl? Einmal in seinem Leben möchte er Schnee sehen, damit spielen, der Hitze entkommen. Kälte, das konnte er sich gar nicht wirklich vorstellen, aber sicher schwitzte man dann nicht so stark, und das Arbeiten und Leben war nicht so schwer wie hier in Ghana. Irgendwann würde er seinen Vater danach fragen, aber wenn er zu Hause war, gab es immer so viel zu besprechen, er bekam von so vielen Leuten Besuch, die ihn um Rat fragten, er musste ihnen allen gerecht werden, genau wie seinen Frauen und all den vielen Kindern. Momente, in denen er mit ihm allein war, waren selten, und dann sprach man eher darüber, was für eine Verantwortung er als Sohn zu erfüllen hatte, was der Vater von ihm erwartete, dass er ein guter Jäger werden musste und einen guten Beruf erlernen, vielleicht käme er ja sogar mal so weit, dass er in Accra studieren könnte.

Wenn der Junge sagte, er wolle eigentlich nur eins: trommeln – mit seinen bloßen Händen – und vielleicht dazu singen und tanzen, dann lachte der Vater und meinte, das könne er ja tun und er sei gut darin, aber das sei schließlich kein Beruf, nichts Solides, nichts, wovon man eine Familie ernähren konnte. Und je mehr die Zeiten sich ändern würden, desto wichtiger würde ein gut erlerntes Handwerk oder gar ein Studium sein. Darüber sprachen sie oft. »Wenn du nur trommeln willst, dann bist du faul und nutzlos«, sagte der Vater immer wieder, sosehr es ihm gefiel, wenn der Junge gut darin war. »Man muss in allem, was man tut, wirklich gut sein«, das war ein Satz, den der Junge sich merken sollte.

Und dann hatte er ihm etwas gegeben, was er nie in seinem Leben vergessen würde: Die ersten Schuhe seines Lebens. Da war er acht Jahre alt gewesen. Seine Mutter hatte ihm ein paar Tage vorher gesagt, dass sie glaube, dass er nun alt genug für sein erstes Paar Schuhe sei und dass sie das mit dem Vater besprochen habe, bevor er das letzte Mal aufgebrochen war, und dass sie denke, dass er ihm Schuhe mitbringen würde von seiner Reise. Fortan hatte er nachts kaum noch schlafen können vor Vorfreude, so aufgeregt war er. Und als der Vater dann kam und ihm nicht sofort Schuhe gab, hatte er schon gedacht, er habe es vergessen oder es sich anders überlegt oder er selbst habe vielleicht etwas falsch gemacht. Aber der Vater hatte nur den richtigen Moment abwarten wollen – und es war ein feierlicher Moment gewesen, als der Junge seine ersten Schuhe bekam. Von einem guten Schuhmacher gefertigt, wie der Vater betonte. Er müsse gut darauf aufpassen und sie mit Würde tragen, hatte er ihm mit auf den Weg gegeben, und selten war der Junge so stolz gewesen wie damals, als er sein allererstes Paar Schuhe bekam.

Manchmal rieb der Vater ihm liebevoll über das Haar oder bewunderte die wilden Rhythmen, die er auf seinen Büchsentrommeln zauberte. Das waren die Momente, die ihn glücklich machten. Er mochte sie nicht mit Fragen zerstören, die der Vater vielleicht dumm gefunden hätte, wie die nach Schnee oder Wasser, über das man laufen konnte. Dass er darüber nachdachte, blieb sein Geheimnis.

Das Postkartenbild hatte er sich jedenfalls für immer eingeprägt. Manchmal fragte er sich, wie die Menschen dort, in diesen Ländern, in denen es Eis und Schnee geben sollte, lebten, ob sie auch Fledermaustrommeln kannten und bei Palmwein um die Hand eines Mädchens anhielten. Bisher hatte er in seinem Leben nur eine einzige weiße Frau gesehen. Sie zog durch seine Heimat und rief »What is a good book to read? – The Holy Bible!« und verteilte Bibeln. Sie hatte eine schrille, aufgeregte Stimme, und der Junge vergaß dabei ganz den ersten Impuls, zu fühlen, ob die Hautfarbe der Frau »echt« war, ob sie sich abreiben ließ.

Der Vater hatte sie schroff verjagt, genau wie er Voodoo-Priester verjagte. Er konnte keine Zauberei und keine Religion leiden, er glaubte an Erkenntnis und Erfahrung, an Fakten. Einmal, als Männer seines Dorfes behauptet hatten, durch Voodoo-Zauber vor Gewehrkugeln geschützt zu sein und alle im Dorf ihnen geglaubt hatten, war der Vater kopfschüttelnd ins Haus gegangen und hatte sein Jagdgewehr geholt. Er hatte sich ihnen gegenüber gestellt, durchgeladen und in die Luft geschossen. Ein peitschender Knall, und als das langsam verhallende Echo verstummt war, rief er in den Moment des betretenen Schweigens:

»Wer das wirklich glaubt, kann jetzt und hier den Beweis antreten. Auf wen soll ich zuerst schießen?«, rief er. Da waren sie laut schreiend in alle Richtungen davongerannt, und seither hatte es nie wieder jemand gewagt, in Gegenwart seines Vaters oder seiner Familie von Voodoo und Zauberei zu reden, und auch die weiße Missionarin hatte sich nie wieder blicken lassen. Der Vater hatte ihm dann erklärt, dass Leute wie sie versuchten, den Menschen hier ihre Kultur und ihre Traditionen zu nehmen. Das wollte der Junge auch nicht. Trotzdem hätte er sie gern nach Schnee und Eis und Kälte gefragt. Vielleicht hätte sie ihm darüber ja etwas erzählt.

4

»Prosper!« Die Mutter ruft ihn. Bei seinem Geburtsnamen. Prosper, das stand für Wohlstand, für »blühen und gedeihen«. Mit dem Namen hatte der Vater die Hoffnung ausgedrückt, die er in ihn setzte. Das hatte er ihm oft erklärt. Eigentlich mochten sie alle diese ersten Vornamen nicht. Das waren die »Baptistennamen«, die eigentlich nicht zu ihrer Tradition gehörten. Aber man musste einen haben, es war Vorschrift. Und so hatte der Vater sich für den Jungen wenigstens einen ganz besonders schönen, hoffnungsvollen ausgesucht.

Sein zweiter Name war »Kudjoe«, das bedeutete »geboren am Montag«. Jedes Kind seines Stammes hatte den Zweitnamen, der den Wochentag ihrer Geburt bezeichnete, und meistens wurde man nur bei diesem Namen gerufen. Ein Freund von ihm war nur als »Kwame« bekannt, was »geboren am Samstag« bedeutete. Ein anderer hieß »Kofi«, »geboren am Freitag«. Und ein Mädchen, das wie er an einem Montag geboren war, hieß Adzoa.

Dann gab es noch den dritten Namen, Todzo, das war sein Stammesname. Der Vatersname. Der, der die Familie einte und sie als Mitglieder einer Familie unverwechselbar machte. Und es gab einen vierten Namen, den er eigentlich am allerliebsten mochte. »Billy«. So nannten ihn eigentlich nur sein Onkel und seine besten Freunde. Er hatte keine Ahnung, wie der Onkel auf Billy gekommen war, aber es war der Name, mit dem er sich am wohlsten fühlte. Er würde am liebsten von allen Billy genannt werden. Manchmal tat es inzwischen auch seine Mutter, wenn sie ihm eine Freude machen wollte. Sein Mädchen würde ihn später so nennen, das war ihm wichtig.

»Prosper«, wieder die Stimme seiner Mutter. Und gleich noch mal, bestimmt: »Prosper Kudzoe Todzo!!« Sie klingt ungeduldig. Der Junge weiß, wenn sie ihn so ruft, muss er gehorchen, und zwar unverzüglich. Seine Pause ist vorbei, er muss wieder an die Arbeit und gemeinsam mit den anderen Kakaobohnen ernten. Eine schwere Arbeit, die er nicht gern tat, und er freut sich schon darauf, wenn er nach den Ferien wieder wird zur Schule gehen können, statt auf dem Feld zu arbeiten. Er hatte das Privileg, eine gute Schule zu besuchen. Er war das vielversprechendste Kind seiner Familie, dem man die bestmögliche Bildung zukommen ließ. Von ihm wurde dafür erwartet, später die Familie zu ernähren. Eine große Verantwortung, die ihm jetzt schon bewusst war. Er würde die Familie nicht enttäuschen, so hatte er es sich vorgenommen.

5

Da sein Vater durch seine Arbeit zu den bessergestellten Mitgliedern des Dorfes gehörte, konnten auch die Geschwister und Halbgeschwister des Jungen zur Schule gehen, was ungewöhnlich für die Familien seines Dorfes war. Viele Familien konnten ihre Kinder nicht zur Schule schicken, weil sie sich die Schuluniform nicht leisten konnten, die an allen Schulen des Landes Pflicht war. Ohne Schuluniform durfte kein Kind am Unterricht teilnehmen. Wer kein Geld dafür hatte, dessen Kindern blieb die Schule verschlossen, und schon eins von vielen Kindern einer Familie einschulen zu können, war keine Selbstverständlichkeit.

Die Kakaofrüchte mussten mit scharfen Messern vom Baum geschnitten werden. Oft hingen sie sehr hoch, er musste sich strecken, um sie zu erreichen. Sie hatten spezielle Stangen mit scharfen, gebogenen Klingen dafür, und man musste aufpassen, dass sie einem wenn man sie abgetrennt hatte, nicht auf den Kopf fielen. Danach musste man mit einem kräftigen Schlag mit der Machete die Kapsel öffnen, die an die fünfzig Samen enthielt, die man mit den Fingern herauslöste. Dann wurden sie auf ein großes Tuch gelegt, mit Palmblättern abgedeckt, um zu fermentieren. Danach musste man sie trocknen lassen. Nur die erfahrenen alten Leute des Dorfes wussten, wann es genug war und man sie einsammeln und verkaufen konnte. Man hörte das am Klang, und das gefällt dem Jungen.

Manchmal steht er minutenlang mit den Bohnen in der Hand da und schüttelt sie, findet einen Rhythmus, probiert verschiedene aus, als wären es Musikinstrumente. Er möchte das auch gern können: zu wissen, wann der Kakao reif ist, um verkauft zu werden, und all die vielen anderen Geheimnisse seines Landes. Er freut sich darauf, das zu lernen.

Vorerst aber schlägt er unter der sengenden Hitze die Früchte ab, während der Schweiß ihm in kleinen Bächen kitzelnd über Gesicht und Körper läuft. Er sehnt sich nach der Regenzeit, die etwas Abkühlung bringt und nachts das Schauspiel von Millionen Glühwürmchen über den Feldern wie funkelnde Sternschnuppen, die ihm eine gute Zukunft voraussagten, und träumt sich fort in kühle Länder und Schnee.

II.
1977

1

Dunkelheit begleitet den jungen Mann seit Stunden, obwohl es erst früh am Nachmittag ist. Es ist den ganzen Tag nicht richtig hell geworden. Ratternd und pfeifend bewegt sich der Zug durch die Landschaft. Kalte Nässe hat sich auf die Scheibe des Waggons gelegt und hat weiße Flächen in den Ecken der Fenster gebildet, die selbst der Fahrtwind nicht wegweht. Der junge Mann legt seine Hand von innen dagegen. Das muss Schnee sein, denkt er sich. Wie aus einem fernen Traum sieht er eine alte Postkarte vor sich, die ihn seit seiner Kindheit in Gedanken immer wieder begleitet. Doch es fühlt sich anders an als die Vorstellung, die er sich davon gemacht hat. Ein Kindheitsbild. Ein Traum. Schnee ...

Er flüstert das Wort. Nachdenklich zieht er die dünne Regenjacke fester um sich. Es ist alles, was er bei sich hat. Eine billige Jeans, ein T-Shirt aus Baumwolle, den Pass in einer hellblauen Plastikhülle, eine dünne Regenjacke. Und seine Bongos, die er verschämt unter der Jacke verbirgt. Inzwischen sind es »richtige« Bongos aus dem Holz des Gummibaums, bespannt mit Kalbfell. Die ganz besonders teuren waren manchmal sogar aus Mahagoni, aber das war Schnickschnack, auf den er gut verzichten konnte. Er liebte seine Bongos aus Gummibaumholz. Sein Vater hatte sie ihm zum Schulabschluss geschenkt, und seither sind sie sein wertvollster Besitz. Geld hat er keines bei sich. Nur eine 10-Lire-Münze in der Hosentasche. Er weiß, dass sie nichts wert ist.

Die ganze Zugfahrt war eine Augenblicksidee gewesen. Es war keine Zeit geblieben, um Pläne zu schmieden und Vorbereitungen zu treffen. Er würde Schnee sehen, das war alles, woran er hatte denken können, seit die Idee in ihm entstanden war. Seit seiner Kindheit hatte er es sich gewünscht. Was es bedeutete, so eine Fahrt anzutreten, ohne Geld, ohne ein Rückfahrticket, das beginnt er erst jetzt, nach einigen Stunden Fahrt, langsam zu verstehen, doch er wischt seine leichte Beklemmung beiseite. Er hatte immer Glück gehabt im Leben, es würde ihn auch jetzt nicht verlassen, und dass er die Reise überhaupt machen konnte, war ja auch ein unglaublicher Glücksfall gewesen. Es würde sich sicher alles gut fügen.

Die Fahrkarte hat ihm Albert geschenkt, ein amerikanischer Hippie mit langen Haaren, den er in Rom in der King's Bar getroffen hatte. Ein junger Bursche auf Europa-Reise. Er hatte ein ganzes Heft mit Fahrkarten bei sich. Europa-Tickets. »I don't need them all. Which one would you like to have, where do you want to go, Billy?«

Auf einer großen Land- und Streckenkarte hatten sie sich Europa angesehen. Nördlich der italienischen Grenze gab es ein Gebiet, das voll brauner Stellen war, die hohe Berge kennzeichneten. Dazwischen weiße Flecken.

»Perpetual Ice«, »Das ewige Eis«, hatte Albert ihm erklärt, und Billy hatte plötzlich eine Erinnerung vor Augen gehabt, die lang vergessen schien: eine Postkarte von Menschen mit Schals und warmen Jacken, die auf zugefrorenen Seen liefen, und Kinder, die aus dem Schnee eine Figur bauten. Sofort war sein Kindheitstraum zurückgekehrt, und er hatte strahlend erklärt: »I would love to see snow and ice, this is my dream since I was a child.«

»Okay, let's see what I have.« Albert hatte seine Tickets durchgeblättert, war dann zögernd bei einem hängen geblieben und hatte auf die Landkarte gezeigt: »Zuerich. That's here« und hatte auf eine Stadt gedeutet, die nicht allzu weit vom »ewigen Eis« entfernt zu sein schien. »Around this area you'll find a lot of snow. And by the way; they say, it's a nice place. It's about ten hours by train from Rome«, zehn Stunden Fahrt, gut geeignet für einen Ausflug.

»Zuerich?«, hatte Billy sich den Namen der Stadt wiederholen gehört, das Wort unsicher aussprechend. Es war ihm noch fremd gewesen. Albert hatte gelächelt. »Yes, Switzerland«, hatte er erklärt und ihm das Ticket zum Abschied geschenkt.

»Good luck«, dann war er seines Weges gezogen und Billy hatte den Zug genommen. Das war erst wenige Stunden her. Gepäck musste er keines holen. Alles, was er seit Ghana bei sich hatte, trug er auf dem Leib.

Gerade noch war er in Rom gewesen. Es kommt ihm bereits unwirklich vor, versinkt vor der Gegenwart und der nahen Zukunft, der er sich nähert und die es zu bewältigen gilt.

2

Rom, das war seine erste Begegnung mit Europa gewesen, dieses Ziel aller Wünsche für so viele Menschen seiner Heimat. Europa, dort gab es Arbeit und Chancen, dort ging es einem gut. Europa, das Land am Ende des Regenbogens, das Ziel aller Wünsche. In seinem Dorf hatte ihm eines Tages ein Freund eine Postkarte gezeigt, eine Nachtaufnahme aus einer europäischen Stadt. Sogar die Fahrbahnen, die Straßen selbst schienen dort beleuchtet zu sein – oder waren sie vielleicht sogar aus purem Gold, so hatten sie sich gefragt. – Sein Freund hatte das geglaubt, obwohl Billy ihm immer wieder gesagt hatte, dass das bestimmt nur Spiegelungen seien, eine besondere Art der Fotografie.

Irgendwann war der Freund nach Europa aufgebrochen. Zu Fuß Richtung Norden, durch die Sahara und dann irgendwie über das Mittelmeer, so hatte er es vorgehabt. Niemand hatte jemals wieder etwas von ihm gehört. Manche waren sich sicher, er habe in Europa das Gold gefunden, nach dem er gesucht hatte, und wolle nicht teilen, die meisten aber waren sich sicher, dass er es nicht geschafft hatte, dass er in der Sahara verdurstet war, sich verirrt hatte oder bei der Überfahrt über das Mittelmeer ertrunken war.

Für Billy war Europa, anders als für viele seiner Freunde, nicht das Land am Ende des Regenbogens, an dem man den Reichtum der Welt fand, kein Synonym für einen Lebenstraum. Aber vielleicht ein Ausweg, eine Lösung auf Zeit. Er hatte keine Pläne, aber er war offen für alles, was passieren könnte.

Irgendjemand aus der Band, in der er seit der Schulzeit mit Freunden spielte, hatte von einem internationalen Musikfestival in Rom gehört, zu dem auch afrikanische Gruppen eingeladen werden sollten. Man konnte sich bewerben. Auf abenteuerlichen Wegen hatten sie ein Tonband aufgenommen, es nach Rom geschickt, sich ausgemalt, wie es wohl dort aussehen mochte, wo der Umschlag mit den Aufnahmen ankam. Man hatte der Antwort entgegengefiebert und hatte sich zwischendurch gefragt, ob diese sie überhaupt zuverlässig erreichen würde bei ihrem Freund, der einen kleinen Laden besaß und dessen Postadresse man zur Sicherheit angegeben hatte.

Dann, nach Wochen des bangen Wartens und Träumens, in denen manche seiner Freunde die

Hoffnung bereits aufgegeben hatten, andere hingegen von nichts anderem mehr sprachen als davon, wie wunderbar es in Rom sein würde, erwartete ihr Freund Kwame sie winkend und wild gestikulierend vor seinem Laden, in der Hand einen dicken Umschlag, den sie gemeinsam öffneten, sich den Inhalt beinahe gegenseitig aus der Hand rissen und darin die Einladung und die Flugtickets nach Rom fanden. ROM! Es war also wahr geworden, sie würden nach Rom reisen, nach Europa, zum ersten Mal im Leben ein Flugzeug besteigen. Man konnte es gar nicht ganz begreifen und war wie im Taumel.

Auch Rom konnten sie alle nicht begreifen. Zu gewaltig, zu vielfältig – und das Festival hat alles überstrahlt. Allein diese Begegnungen mit Musikern aus allen möglichen Ländern waren die Reise wert gewesen und schenkten ihnen überwältigende Erfahrungen. Während dieser gemeinsamen Tage war ein Plan in Billy entstanden, hatte langsam Gestalt angenommen und war gereift.

3

Das Festival war genau zum richtigen Zeitpunkt für ihn gekommen: Er hatte seine Schule abgeschlossen und Zimmermann gelernt, ein solider Beruf, aber der Wunsch, zu trommeln und davon zu leben, hatte ihn seit seiner Kindheit nicht losgelassen. Er wollte trommeln und sonst nichts. Und er fühlte sich zu jung, um den Traditionen zu folgen und sich eine erste Frau zu nehmen, ein Stück Land zu bestellen, Kinder zu ernähren. Irgendwann würde er das vielleicht tun, so hatte er sich immer gedacht, aber gleichzeitig erschien es ihm immer mehr wie die Zukunft eines anderen Menschen, nicht wie seine eigene. In Ghana würde er sich ihr nicht entziehen können. Ghana, das würde für ihn ein Leben als Tischler mit Frauen und Kindern bedeuten. So ein Leben könnte am Ziel einer Entwicklung stehen, aber im Moment passte es noch nicht zu ihm.

Und vor allem eines war er sich selbst vorher schuldig, jetzt, da er schon in Europa war: Schnee zu sehen. Mehr und mehr wurde ihm klar: Er würde nicht zurückreisen, ehe er sich diesen Kindheitstraum erfüllt hatte.

Als seine Freunde aus der Band zurück nach Hause flogen, war Billy spontan geblieben. Ohne Ziel, ohne Plan, ohne Geld, aber mit dem Gefühl, hier Klarheit zu finden für sein künftiges Leben – und Eindrücke, die er noch seinen Enkelkindern würde erzählen können.

In Rom hatte er sich einfach treiben, die Stadt, die Menschen, die Musik, den Rhythmus der Stadt auf sich wirken lassen. Er war begierig auf alles, was es zu entdecken und zu erleben gab.

Um sich seinen Aufenthalt zu verdienen, half er in einem kleinen Lokal aus, das einem jungen Äthiopier gehörte, bei dem er auch wohnte, spülte dort Teller, verrichtete kleinere Hilfsdienste in der Küche.

Manchmal durfte er in einem Café Mario, einen alten Akkordeonspieler, mit seinen Bongos begleiten, das Trinkgeld wurde dann brüderlich geteilt. Oft hatten sie nachts, nach der Arbeit, über die unterschiedlichen Erwartungen, Hoffnungen und Ängste ihres Lebens gesprochen.

»Du musst dein Instrument richtig zu spielen lernen. Auch nach Noten«, hatte Mario ihm dann immer wieder in seinem holprigen Englisch erklärt, vor allem, wenn er ein bisschen zu viel getrunken hatte. »Nicht so wie ich ... Ich schummle mich einfach so durch. Und du darfst dich auch nicht allein auf die Bongos beschränken. Ein Perkussionist muss mehr können, alle Instrumente beherrschen, mit denen man Lärm und Rhythmus machen kann, alle außer Schlagzeug. Sogar Pauke.« Dann hatte er sich nachdenklich, ihn von oben bis unten musternd, über die Bartstoppeln gestrichen, und ein »Glaub es mir, Junge, ich kenne mich da aus« hinzugefügt.

Billy lächelt, als er daran denkt. Seine letzte Begegnung mit Mario ist erst wenige Stunden her und scheint ihm schon zu einem anderen Leben zu gehören. Dass man in Ghana nicht Berufsmusiker werden konnte, hatte er ihm nicht erklärt, dass dort nur handfeste Arbeit zählte, nicht etwas, das man nach Feierabend zum Vergnügen tat, dass es in seiner Heimat unmöglich war, so etwas zu einem Beruf zu machen, mit dem man seinen Lebensunterhalt verdiente. Lieber ließ er ihm seinen Traum, dass er, der junge Afrikaner, das erreichen könnte, was er selbst in seinem Leben versäumt hatte.

4

Billy sieht aus dem Fenster. Im Licht der Bahnhofsbeleuchtungen der Städte, durch die sie fuhren, tanzen die Schneeflocken in dichtem Treiben. Zum ersten Mal in seinem Leben sah er es schneien. Bisher hatte er nur davon gehört. Zu seinem Erstaunen machte das Schneien keine Geräusche auf dem Dach und den Scheiben des Zuges, anders als es Regen tun würde. An den weißen Feldern und Hausdächern, den Bäumen, deren Äste sich unter dem Schnee bogen, konnte er sich nicht sattsehen. Die Namen der Orte auf den Schildern vergaß er, sobald er sie gelesen hatte. Er musste sich nicht an sie erinnern.

Es wurde kälter und kälter. Die Menschen auf den Bahnsteigen und Wegen waren in dicke Kleidung gehüllt, zogen die Schultern hoch, suchten irgendwo Schutz. Der Schnee wirbelte im scharfen Wind. Wenn sich die Waggontüren öffneten, zog eisige Kälte herein, die Billy so nicht kannte.

Er fing an, sich Sorgen zu machen. Vielleicht war er gar zu leichtfertig in den Zug gestiegen, nur mit dem, was er auf dem Leib trug und dieser wertlosen

10-Lire-Münze in der Tasche, ohne eine Rückfahrkarte.

Wie soll er nur das Geld verdienen, um zurück nach Hause zu kommen oder wenigstens zurück nach Rom?

Angst steigt in ihm hoch und mischt sich mit der Sehnsucht nach Schnee. Es ist eine Angst, die er so nicht kennt. Eine Angst, die nichts Vertrautes umfasst, ihm keinen Trost im Gedanken an Zuflucht bei der Familie oder Freunden, Traditionen und Regeln gibt. Nichts, was er je gehört, gelernt oder erfahren hatte, konnte ihm hier, in dieser völlig fremden, unbekannten Welt weiterhelfen. Die Fremde aller Erfahrungen schuf eine Einsamkeit, die mit keiner Trauer, Angst oder Sorge vergleichbar war, die er in seiner Heimat je durchlebt und bewältigt hatte. Noch nie war ihm seine Kindheit und alles Vertraute so fern erschienen wie in diesen Stunden.

Er nimmt den Rhythmus des Zuges auf und trommelt ihn mit den Fingern auf der Fensterbank. Das beruhigt ihn. Rhythmus, das einzig Vertraute in der Fremde, das für ihn eine Verbindung zwischen gestern und heute bildet. Die Bongos hervorzuholen, wagt er nicht. Er möchte niemanden stören, nicht zu sehr auffallen.

5

Stunden später die Durchsage in drei Sprachen. »Nächster Halt: Zürich Hauptbahnhof. Next stop: Zuerich Main Station. Prochain arrête: Zuerich Gare Centrale.«

Minuten später tritt Billy mit seinen Sportschuhen aus Stoff in weichen, weißen, nassen Schnee. Die erste Begegnung. Jeder Schritt hinterlässt Spuren, die schnell wieder durch neuen Schnee verwischt sein werden. Es ist glatt und nass und fühlt sich ganz anders an, als er es sich in seinen Kindheitsträumen vorgestellt hatte. Trotz der vielen Menschen, der Durchsagen und Hektik liegt eine seltsame Ruhe über dem Bahnsteig und der weißen Schneedecke, in der sich das Licht der Straßenlaternen und Leuchtreklamen glitzernd spiegelt. Schnee scheint Geräusche zu dämpfen, das hatte ihm niemand erzählt. Es ist ein bisschen wie Einsinken in Stille, doch der Zauber, den er sich vorgestellt hatte, erreicht ihn nicht. Ein bisschen fühlt er sich um das Glücksgefühl, das er sich jahrelang erträumt und nach dem er sich gesehnt hatte, betrogen, doch er hat ganz andere Probleme.

Die Kälte verursacht ihm Schmerzen. Seine nassen Füße machen bald klatschende Geräusche bei jedem Schritt. Sein Atem wird vor seinem Gesicht sichtbar wie Dampf. In seiner dünnen Kleidung, seinem T-Shirt, der dünnen Plastik-Regenjacke, der billigen, dünnen Jeanshose und den Stoffschuhen ist er der Kälte nicht einmal für Minuten gewachsen. Sie bildet keinerlei Schutz. Hilflos ist er dem Schnee, dem eisigen Wind ausgeliefert, der mehr und mehr Besitz von ihm ergreift.

Die Menschen beachten ihn nicht, weichen ihm aus, sind ganz in sich selbst versunken, die Köpfe in hochgestellten Kragen und Schals geschützt, die Hände in Handschuhen oder tief in den Taschen vergraben. Sie sind angezogen wie die Kinder auf der Postkarte seiner Kindheit, doch es scheint sie nichts mit der Fröhlichkeit und Leichtigkeit in den Gesichtern auf der Postkarte zu verbinden.

Schnee macht einsam, denkt er sich. Das hatte er sich nie so vorgestellt. Kälte schien die Menschen zu isolieren. Sie erstarrten in sich selbst, eingehüllt in dicke Kleidung, die Blicke gesenkt, die Gesichter halb in den Kragen und Schals vergraben bewegten sie sich so schnell wie möglich auf ihr Ziel zu, irgendeinen warmen Ort, den sie ohne Umwege erreichen wollten. Nicht einmal ihre Schritte waren zu hören, selbst der Verkehrslärm war gedämpft.

Kälte war leise, ruhig, still, das lernte er in diesen Momenten. Sonne hingegen schien die Menschen zu öffnen, sie wurden gesellig, hatten Zeit füreinander. Hitze bedeutete Lärm, Rhythmus, Musik, Lachen, Menschen, Offenheit. Selbst in Rom hatte er das erlebt, die Sonne, die Wärme, die gute Stimmung, offene Menschen. – Mit der Einsamkeit und Verschlossenheit, die Kälte und Schnee schufen, gerade jetzt da er Menschen und deren Hilfe dringender brauchte denn je in seinem Leben, hatte er nicht gerechnet.

Er weiß nicht, wohin er gehen soll und schlägt einfach irgendeine Richtung ein. Die Welt, in der er sich mühsam wie nie bewegt, scheint ihn auszuschließen. Er befindet sich auf einer atemberaubend beleuchteten Prachtstraße, die geradewegs vom Bahnhof wegführt mit teuren Geschäften, das kann er einschätzen, auch wenn er nicht viel Erfahrung mit diesen Dingen hat.

An vielen Fenstern Leuchtsterne, Weihnachtsmotive. Lichter, die sich glitzernd im Schnee spiegeln. Die Menschen sind besonders gut und edel gekleidet. Frierend und staunend geht Billy die Straße entlang. In den Fenstern der Modehäuser dicke Winterjacken und Schals, Stiefel mit dickem Futter. Seufzend denkt er an die Postkarte, die ihm die Lehrerin gezeigt hatte. Seine Hand umklammert die 10-Lire-Münze. Er weiß, dass er sich davon hier nichts wird kaufen können. Aus manchen Geschäften hört er Weihnachtslieder, doch sie laden ihn nicht ein, sie zu betreten, bieten ihm keinen Schutz, schließen ihn aus.

Erschreckt weicht er einer Straßenbahn aus, die scheinbar schwebend an ihm vorbeifliegt. Er hat ihr Herannahen nicht gehört. Geräusche, gefährlich gedämpft und verschluckt vom Schnee, der ihm die Welt zu einer feindlichen machte, ganz anders, als er sich das vorgestellt hatte.

6

Sein Fuß tritt auf etwas Weiches. Irritiert sieht er nach unten und findet etwas Türkises, Wollenes unter seinem Schuh. Er hebt es auf: ein einzelner Wollhandschuh, den wohl jemand verloren hat. Es kann noch nicht lange her sein, er ist fast trocken, obwohl er im Schnee lag. Dankbar steckt er seine rechte Hand hinein. Nach wenigen Minuten wechselt er auf die linke, dann wieder zurück. Es ist nicht viel, aber es gibt ihm wenigstens die Illusion von Schutz.

Ungläubig denkt er daran, wie er sich als Kind erträumt hatte, sich im Schnee zu wälzen oder einen Schneemann zu bauen. Er sehnt sich nach Wärme, Trockenheit, er spürt Hunger. Und er beginnt, sich ernsthafte Sorgen um seine Rückkehr zu machen. Und um diesen Tag, die Nacht. Solche Sorgen kannte er bisher nicht. Wo auch immer er in seinem Leben bisher gewesen war, man konnte sich zur Not unter einen Baum legen, um die Nacht zu verbringen. Und in Ghana bot einem immer jemand eine Unterkunft und etwas zu essen an, so arm er auch selbst sein mochte.

Hier aber war das undenkbar, das war ihm nach wenigen Minuten klar. Europa schloss ihn aus. Wie hatte er nur so dumm und leichtsinnig sein können? Wieso hatte er gedacht, er würde hier die Antwort auf seine Fragen finden, die er an die Zukunft hatte.

Die Kälte beginnt, seine Finger zu lähmen. Seine Zehen spürt er schon länger nicht mehr. Die Hände, Nase und Ohren brennen. Immer wieder haucht er in die Hände, legt sie schützend an seine Ohren, doch es hilft nur für Sekunden. Er zittert am ganzen Körper, möchte sich irgendwo hinsetzen, aber dann würde es nur noch schlimmer werden, das ist ihm klar. Also geht und geht und geht er in seinen durchnässten Stoffschuhen ohne Ziel.

Irgendwie kommt er an einen riesigen See, dessen Grenzen er nicht ermessen kann. Der See speist einen Fluss, den er über eine breite Brücke überquert. Der Wind treibt ihm den Schnee ins Gesicht. Er senkt den Kopf so gut es geht, um sich zu schützen und denkt daran, dass er jetzt ähnlich verschlossen wirken mag wie die Menschen, die an ihm vorbeihetzen, alle irgendeinem warmen Ziel entgegen. Dass es irgendwo auf der Welt so kalt und einsam sein könnte, hatte seine Vorstellungskraft überstiegen. Neben ihm rast der Verkehr. Autos, Straßenbahnen, Busse. Er nimmt es wie aus weiter Ferne wahr.

Die Orientierung hat er längst verloren. Er weiß nicht, wie lange er schon hier ist, der Kälte und Nässe ausgeliefert, verzweifelt.

Angst steigt in ihm auf. Er geht nur noch mechanisch. Sein ganzer Körper schmerzt und ist steif. Was würde er für einen Schal, eine Mütze geben, wie sie die Menschen hier tragen.

An dem großen Platz nach der Brücke entschließt er sich, den Weg am Fluss entlang zu nehmen. »Limmatquai« liest er beiläufig auf einem am Rand verschneiten Straßenschild. Seltsamer Name für eine Straße, denkt er sich und versucht, sich den Namen einzuprägen, einfach um sich von der Kälte abzulenken, die seinen ganzen Körper erzittern lässt.

Wenn er doch bloß einen Afrikaner sehen würde! Ein Afrikaner würde ihm helfen, das weiß er. Er würde sich als sein Bruder empfinden, egal aus welchem Land er kam, welchem Stamm er angehörte. Schwarze halfen sich gegenseitig. Überall. Jedenfalls in der Fremde. Wenn ein Bruder in Not war, zählten keine Stammesgrenzen mehr, selbst dann nicht, wenn sie Stämmen angehörten, die in ihrer Heimat im Krieg lagen. In der Fremde waren sie Brüder und halfen einander. Er muss schwarze Menschen finden, das wird ihm bewusst. Doch er weiß nicht, wo er suchen soll.

7

Er geht und geht. Der Verkehr ebbt immer mehr ab. Nur noch selten eine Straßenbahn, weniger Autos, nur noch dann und wann ein Fußgänger. Wer ein Zuhause hat, hat es schon aufgesucht. Nicht einmal Bettler, wie er in Rom viele gesehen hatte, scheint es hier zu geben. Dafür ist es viel zu kalt.

Als er hilfesuchend in ein Schaufenster blickt,

sieht er in die erschrockenen Augen einer Frau, die ihn anstarrt. Sie macht eine wegweisende Bewegung gegen ihn. Ein Mann eilt an ihre Seite. Schnell wendet Billy sich ab.

Er kann nicht mehr. Es geht nicht mehr. Er hat Schnee gesehen, ihn erlebt und durchlitten. Und sein Kindheitstraum würde nun wohl das Ende seines Weges sein, das fühlt er plötzlich deutlich. Die Erfüllung seiner kindlichen Sehnsucht würde wohl auch das Ende seines Lebens bedeuten.

Er macht sich die Grausamkeit dieser Erkenntnis bewusst, doch er verfällt nicht in Panik. Er weiß keinen Ausweg. Er wird dieser Kälte nie mehr entkommen. Der Kälte, nach der er sich als Kind gesehnt hatte. Sein Schicksal würde sich genau in ihr erfüllen. Es ist ihm egal.

Als ihm das bewusst wird, vergeht die Angst und weicht einer unerklärlichen inneren Ruhe. Er setzt sich auf eine tief verschneite Bank. Die Kälte und Nässe greift nun auch durch seine Kleidung mit eisiger Hand nach ihm.

Sein ganzer Körper zittert und schlottert, doch innerlich wird er ganz ruhig. Nur ein bisschen ausruhen, für eine Weile die Augen schließen, alles vergessen …

Er legt die Hand mit dem türkisgrünen Handschuh auf die andere, um sie ein wenig zu schützen, steckt beide unter seine Jacke. Vor der Straßenlaterne gegenüber tanzen die Schneeflocken. Das Licht tut ihm gut. Es vermittelt die Illusion von Wärme. Es blendet alles andere aus. Er ist allein mit sich und dem Licht, das ihn auch durch die halbgeschlossenen Lider erreicht. Fest presst er die Bongos an sich wie ein Kind, das in seinem Teddy Trost sucht. Vertrautheit. Seine steif-zitternden Bewegungen scheinen schon nicht mehr zu ihm zu gehören. Und nach einer Weile hören sie auch auf.

Er wird ganz ruhig. Er ist zu Hause. In der Hitze vor der Regenzeit. Wenn einem der Schweiß tropfend über den Körper läuft, die Schatten, wenn man steht, nur so groß sind wie ein Teller, seine Mutter in der Ferne in der Hitze flimmernd über dem Boden schwebt und man jederzeit einen Platz zum Schlafen findet. Er hört das Zirpen der Grillen, den Klang seiner Kindheit, in der er sich geborgen fühlt, er glaubt schon die feierliche Atmosphäre der Glühwürmchenschwärme zu sehen, die die Nächte seiner Kindheit verzauberten. Er sieht seinen Vater, der ihm die ersten Schuhe schenkt und die Leute verjagt, die an Voodoo glauben. Er ist wieder ein kleiner Junge, der Fledermäuse jagt, um damit Büchsentrommeln zu bauen und von einer Zukunft zu träumen, in der sein Trommeln die Lebensfreude der Menschen begleitet. Das Licht der Straßenlaterne weist ihm den Weg nach Hause, in die Wärme. Die Kälte gehört nicht mehr zu ihm.

Er spürt schon die Wärme seiner Heimat. Er rollt sich auf der Bank zusammen wie ein sorgloses Kind im Schatten eines Busches. Schneeflocken schmelzen auf seinem Gesicht, das Wasser läuft in seine Augen wie der Schweiß seiner Kindheit. Das Licht, das er blinzelnd, unklar durch die Schneeflocken wahrnimmt, verleiht der Welt, die ihn umgibt, einen milden, goldenen, warmen Glanz, lässt alles andere verwischen. Der Glanz umschließt ihn, hüllt ihn ein, schützt ihn. Alle Anspannung und Angst fällt von ihm ab. Er gibt sich der Dunkelheit hin. Er ist ganz bei sich.

III.
2003

I

Er ist ganz bei sich. Das Licht dringt durch die halbgeschlossenen Augenlider des Mannes. Es hüllt ihn ein, schützt ihn, strahlt wie die Sonne seiner Heimat. Kleine Rinnsale laufen in seine Augen, brennen. Er wischt sie nicht weg. Es würde den Moment zerstören, den er ganz bewusst durchleben möchte. Und als würde die Zeit sich für Sekundenbruchteile zurückdrehen, ist er für einen winzigen Moment wieder auf jener Bank am Limmatquai. Ist es Schweiß, der ihm in die Augen läuft oder ein Rinnsal aus auf seiner Haut schmelzenden Schneeflocken? Für einen Moment kann er es nicht unterscheiden. Ein Gefühl von Unwirklichkeit beherrscht ihn. Durch den Spalt, den er die Augen blinzelnd öffnet, erscheint ihm die Welt in einen diffusen goldenen Schleier gehüllt. Sie ist perfekt und wunderbar und besteht nur aus diesem Moment, dem Hier und Jetzt.

Er hört den Rhythmus des Schlagzeugs, die Bläser, die ihm den Einsatz geben. Er spürt die Bongos in seinen Händen. Langsam öffnet er die Augen. Die Menge vor ihm erahnt er nur, hört sie am Klang des

Raumes, am Applaus. Sehen kann er sie nicht. Sie sitzen im Dunkel, das er durch das blendende Licht der Spots nicht durchdringt. Er weiß, dass es etwa 10 000 Menschen sind, die ihm heute Abend zuhören. Menschen, die einen ganz anderen Lebensweg hinter sich haben als er und die ihn in diesem Moment des Rhythmus, der Musik doch verstehen. Er schlägt einen Bogen zwischen den Welten, wie nur Musik es kann.

Seine Augen suchen das Scheinwerferlicht. »Agbaé midzia gbana maaa ... Agbaé midzia agbana maaa ...«, singt er, wie er schon als kleiner Junge gesungen hat, spielt auf seinen Bongos. Und es kommt ihm fast unwirklich vor, wenn er an den kleinen Jungen im Busch, seinem Heimatdorf denkt, der einst Büchsentrommeln aus Fledermaushäuten gebastelt hat wie viele andere Jungen seines Dorfes auch und davon träumte, einfach nur zu trommeln, die Menschen damit glücklich zu machen und vor allem dem Vater Freude zu bereiten. Was würde er denken, wenn er seinen Sohn heute sehen könnte, mitten in Europa, auf einer der größten Bühnen des Kontinents – und seiner Heimat mehr verbunden denn je.

Er geht völlig auf im Spiel des Orchesters, das sein Lied begleitet. Er ist ganz im Hier und Jetzt, wie immer wenn er spielt. Mit jedem Ton fühlt er sich geborgen in seinem Tanz zwischen zwei Welten. Und immer wieder, Abend für Abend, wenn er dieses

Lied singt, tut er es auch für den kleinen Jungen von damals, für seinen Vater, seine Familie – und für den jungen Mann von einst, der vor mehr als einem Vierteljahrhundert hier, in dieser Stadt, am Limmatquai auf einer Bank beinahe erfroren wäre, weil er Schnee sehen wollte.

2

Er kann sich an die Kälte erinnern, den türkisgrünen Wollhandschuh, die Nässe, die Menschen mit verschlossenen Gesichtern, an das Gefühl der Einsamkeit in der Kälte, die Zehn-Lire-Münze in seiner Tasche, die Angst, die Frau mit der wegweisenden Handbewegung und dann die Bank, auf die er sich gesetzt hat, das Schlottern, das Licht der Straßenlaterne und die schmelzenden Schneeflocken auf seinem Gesicht, die in seine Augen liefen wie jetzt der Schweiß von seiner Stirn.

Dann weiß er nichts mehr, bis er irgendwo in einem warmen Zimmer, in Decken gehüllt, zu sich kam. Jemand flößte ihm warmen Kaffee ein und als er zu sich kam, erkannte er das Gesicht der Frau, die ihn durch die Scheibe weggewiesen hatte. Nun half sie ihm, rettete sein Leben, ihr Ehemann brachte immer mehr warme Decken, Wärmeflaschen. Sie hatte ihn gesehen, draußen auf der Bank, hatte Hilfe geholt, war zu ihm geeilt und hatte ihn ins Warme gebracht. So hatte er überlebt und wenige Tage später sein erstes Weihnachtsfest in Europa verbracht mit diesen seltsam melancholischen Weihnachtsliedern, dem Duft nach gebratenen Mandeln und gefällten Bäumen, Kerzen, Lebkuchen, deren Geschmack ihm so fremd war wie dieses Europa.

Irgendwann in diesen Tagen musste es gewesen sein, als er sich geschworen hatte, dieses Überleben als ein Zeichen zu sehen, als Herausforderung und beschlossen hatte, dass er nicht aufgeben, dass er vorerst in Europa bleiben und seinen Weg hier suchen würde.

Bald hat er auch andere Afrikaner gefunden. Gemeinsam hat man sich mit Gelegenheitsjobs durchgeschlagen. Abends hat er dann und wann in Bands gespielt. Wann immer es möglich war, hatte er etwas Geld zur Seite gelegt, um die Rückreise bezahlen zu können, sofern er sie je in Erwägung ziehen würde. Doch dann hatte er immer mehr Fuß gefasst in diesem fremden, kalten Land, hatte Freunde gefunden, mehrmals pro Woche musiziert und gespürt, dass der Zeitpunkt für ihn noch nicht gekommen war, zurückzugehen, das Leben und die Traditionen seiner Heimat für sich ganz anzunehmen, dass es hier noch vieles für ihn zu durchleben galt, und der Gedanke an die Rückreise war immer mehr in den Hintergrund geraten.

Er hatte sich an Mario, den Akkordeonspieler in Rom erinnert und daran, dass man lernen müsse, sein Instrument wirklich zu beherrschen, und hatte sich zum Paukisten ausbilden lassen. Zum ersten Mal lernte er, Noten zu lesen und nach Noten zu spielen. Es wurde Frühling und Sommer, die Stadt erblühte, die Menschen öffneten sich. Das Leben wurde einfacher, leichter, unbeschwerter.

Der nächste Winter, der nächste Schnee, das nächste Weihnachtsfest, wieder in Zürich. Sein Leben folgte dem Rhythmus der europäischen Jahreszeiten und wurde stabiler. Er fand sich zurecht, verstand, wie man hier dachte und lebte, gewann die Menschen mit seinem Lächeln.

3

Dann, irgendwann, die Begegnung mit dem Orchester-Leiter eines berühmten, international auftretenden Schweizer Jazz- und Unterhaltungs-Orchesters, der einen Perkussionisten und Band-Sänger gesucht hatte. Er hat vorgespielt – und hatte die Stelle bekommen. Mit diesem Orchester war er nun schon seit vielen, vielen Jahren unterwegs, die berühmtesten Musiker begleitend, die dieses Orchester weltweit für Tourneen und Auftritte engagierten. Er hatte sogar schon mit Frank Sinatra und Sammy Davis Jr. auf der Bühne gestanden. Er hatte es geschafft. Der Junge aus dem Busch, der sich nichts anderes für sein Leben vorstellen konnte, als zu trommeln und Musik zu machen, hatte seinen Weg, fern der Heimat, gefunden und lebte seinen Traum.

An manchen Abenden, wie bei diesem Auftritt heute Abend in Zürich, hatte er seinen eigenen Showpart mit seinem afrikanischen Lied. Und er fühlte sich in seinem prächtigen Kostüm aus seiner westafrikanischen Heimat wie ein König. Es war »seine Stunde des Königs«, wie er diese besonderen Momente seit seiner Kindheit heimlich nannte.

Dank seiner Bongos und seines Talents hatte er beinahe die ganze Welt kennengelernt, hatte in vielen Ländern Europas gespielt, in Nord- und Südamerika, Japan, China, auch in Südafrika zur Zeit der Apartheid. Dort entging er nur knapp und dank der Fürsprache seines Orchester-Leiters einer Verhaftung, weil er sich nach Einbruch der Dunkelheit in einer »weißen« Gegend aufhielt. In den Lokalen der Weißen wurde er selbstverständlich nicht bedient, aber auch in denen der Schwarzen wies man ihn ab, weil er mit Weißen gemeinsam gesehen worden war. Diese Erfahrung war neu für ihn gewesen und ihm war sehr bewusst geworden, was für ein Paradies er in Europa gefunden hatte. Hier war Diskriminierung keine gesellschaftlich anerkannte Lebensform. Natürlich gab es Diskriminierung gegenüber Schwarzen und anderen Fremden wie ihm, aber das war immer ein Problem einzelner dumpfer Versager der Gesellschaft, die ein Feindbild brauchten, nichts, was staatlich gefördert oder auch nur geduldet wurde. Die fremde Gesellschaft schützte ihn, den Einwanderer, und trat für seine Rechte ein. Wie wenig selbstverständlich und was für eine große Errungenschaft das war, das war ihm in Südafrika erst wirklich bewusst geworden.

Zürich war so etwas wie seine »zweite Heimat« geworden. Er hatte sich eingelebt, fand sich zurecht, hatte Freunde, eine kleine Wohnung und – das wichtigste – eine Aufenthaltserlaubnis.

Und wann immer es ging, reiste er in seine alte Heimat Ghana. Für ihn ist Afrika keine Erinnerung geworden, sondern immer noch gelebtes Leben.

Er war für die Kinder und Jugendlichen seines Dorfes der Inbegriff der Hoffnung. Er hatte es geschafft, wenn auch anders als sein Vater es von ihm erwartet hatte, als er ihn auserkor, als vielversprechendstes seiner Kinder die bestmögliche Ausbildung zu erhalten.

4

Wann immer Billy nach Hause kam, gab es ein großes Fest wie einst bei seinem Vater, wenn dieser von seinen Reisen zurückgekommen war. Er spendierte den Alkohol und die Ziege, die zu diesem Anlass geschlachtet wurde. Sie selbst zu schlachten, das schaffte er nicht mehr. Er wusste noch, wie es ging, doch er brachte es nicht mehr übers Herz. Europa war wohl doch schon tief in seine Seele gedrungen. Nicht einmal mehr einem Huhn konnte er etwas zuleide tun. Seine Freunde aus seinem Dorf zogen ihn damit auf, doch das tat der Freude, wenn er nach Hause kam, keinen Abbruch. Es wurde getrommelt, getanzt, gelacht, beinahe wie früher. Sein Vater war inzwischen verstorben, die sechs anderen Mütter lebten in alle Winde verstreut. Seine eigene Mutter lebte noch in ihrem alten Dorf, ihrem alten Haus und er verehrte sie. Irgendwann einmal würde er ihr Zürich zeigen, Europa und auch Schnee. Sie sollte wissen, wie er jetzt lebte.

Seine jüngeren Geschwister und deren Kinder gingen alle zur Schule. Billy war es, der die Verantwortung dafür übernahm, das Schulgeld, die Uniformen, Schulmaterial und Schuhe bezahlte. Er nahm Nebenjobs an, wenn die Gagen aus den Orchester-Engagements nicht reichten, um der nächsten Generation seiner Familie einen guten Start in ein selbstbestimmtes Leben zu ermöglichen. Er war immer noch einer der ihren – und seit dem Tod des Vaters das Familienoberhaupt. Er trug eine große Verantwortung.

Er wusste immer noch, wie man Fledermäuse mit Steinschleudern jagte oder was es bei der Kakaoernte zu beachten galt. Irgendwann, später, im Alter, würde er vielleicht wieder in Ghana leben, so dachte er manchmal, aber er konnte es sich auch nicht mehr wirklich vorstellen, Europa zu verlassen. Seine

Heimat war in beiden Welten. Heimat war dort, wo man ihm zuhörte und er verstanden wurde. Die Musik war die Brücke zwischen den Welten und hatte Europa zu einer zweiten Heimat werden lassen.

Er liebte den Schnee, auch wenn er ihn fast getötet hätte. Wenn er an »seiner« Bank am Limmatquai vorbeikam, hielt er immer inne und dankte dem Leben dafür, dass es damals, an dieser Stelle, für ihn nicht zu Ende gewesen war.

Im Fernsehen liebte er Eiskunstlauf und alle Sportarten, die mit Eis und Schnee zu tun hatten, weil es ihn an seine Kindheit und an seinen Traum erinnerte. Daran, wie alles angefangen hatte, an das Risiko, das er eingegangen war und daran, dass sein Schicksal ihm im Moment, der sein Ende hätte sein können, eine neue Chance geschenkt und er sie genutzt hatte.

Und zu Hause, in Ghana, erzählte er den Kindern vom Schnee und dass man auf gefrorenem Wasser gehen konnte, zeigte Bilder und Postkarten, sah in die staunenden Gesichter und erinnerte sich lächelnd an seine Lehrerin, deren Geschichten er als Kind nicht getraut hatte.

Abends, auf der Bühne, war er dort, wo er als Kind in der flirrenden Hitze seiner Heimat immer hatte sein wollen. Ganz Rhythmus, Licht, Lebensfreude.

5

Tosender Applaus holt ihn in die Gegenwart zurück. Er verbeugt sich mit einem Lächeln und der Würde, die ihm die Tracht seiner Heimat abverlangt. Irgendwo in diesem Saal sitzt auch das Ehepaar, das ihm damals das Leben gerettet hat. Man hatte all die Jahre hindurch lockeren Kontakt gehalten. So fremd man sich auch war, das Schicksal hatte sie miteinander verbunden. Immer um die Weihnachtszeit herum verbrachte man einen gemeinsamen Abend. Und zu Konzerten des Orchesters lud er sie immer ein. Eine kleine Geste der Dankbarkeit.

6

Dunkelheit umfängt ihn, als er nach der Show das Hallenstadion durch den Hintereingang verlässt. Es ist kalt geworden. Er zieht den Wintermantel fester um sich. Jeder Schritt in seinen festen, warmen Schuhen ist wie ein Einsinken in die Stille des frisch gefallenen Schnees, in dem sich die Lichter der Straßenlaternen glitzernd spiegeln. Jeder Schritt hinterlässt eine Spur in dieser verzauberten Welt, in der er seinen Platz gefunden hat.

Lächelnd prägt er dem Schnee ein paar Tanzschritte ein und freut sich auf den neuen Tag.

**Im Dezember 2003 schrieb »Der Tagesspiegel«
in einer Konzertkritik:**

»[…] das umjubelte Konzert wurde vom exzellenten Schweizer Orchester Pepe Lienhard begleitet […]. Von den hervorragenden Solisten […] ist besonders der Percussionist Billy Kudjoe Todzo hervorzuheben, der mit einem modern arrangierten afrikanischen Volkslied sowohl als Sänger als auch als virtuoser Bongo-Spieler das Publikum zu Beifallsstürmen hinriss […]«

NACHBEMERKUNG

If I never sing another song.

I

Im Sommer 2014 erreichten uns im Verlag mehrere Mails. Udo Jürgens hatte nach seinem Buch »Der Mann mit dem Fagott« wieder zu schreiben begonnen. Geschichten, ein ganzer Band, sollten es werden. Sie entstanden unterwegs, auf Reisen, in Portugal, wo er so glücklich war, unterwegs zu seinen Freunden und Fans, immer gemeinsam mit Michaela Moritz, mit der er schon sein erstes Buch verfasst hatte. Er schickte im Anhang einer Mail eine Geschichte. »Wenn es Ihnen lieber ist, alle Geschichten auf einmal zu bekommen, können wir das natürlich gern so machen.«

Im Verlag rieben wir uns die Augen. Es sind Geschichten, an den Rand des Lebens geschrieben. Ausgehend von einem Fund in der Zeitung, von der Geschichte, die ihm ein Freund anvertraute, vom Erlebten schufen Udo Jürgens und Michaela Moritz Erzählungen, in denen die Sehnsucht, der Humor und die Lebensfreude seiner Lieder widerhallt. Nicht nur widerhallt, es ist, als ob man, wenn man die Geschichten liest, einen Blick in das Geheimherz seiner Lieder erhascht.

Er arbeitete in seinen letzten Lebensmonaten immer weiter. Die Macht seiner Lieder, viel an der Welt zu ändern, sah er skeptisch, da machte er sich keine Illusionen. Umso wichtiger waren ihm die Geschichten. »Wenn ich schon nichts bewirken kann, dann will ich wenigstens zu jenen gehören, die ihren Mund aufgemacht haben. Denn die Frage der Kinder und Enkel wird kommen: ›Na – und was war mit dir? Hast du wenigstens versucht, was zu machen?‹«, hatte er schon 1994 in seinem Buch *... unterm Smoking Gänsehaut* geschrieben.

2

Bald wollte Udo Jürgens den Verlag sehen und die Menschen, die ihm auf seine Mails antworteten, treffen. Am 13. November 2014 war es endlich so weit. Nach der triumphalen Fernseh-Gala zu seinem 80. Geburtstag »Udo Jürgens – Mitten im Leben« (ZDF, Oktober 2014), bei der sich alle Welt vor ihm verneigte, zwischen den letzten Konzerten seiner Tournee, konnte er es einrichten, uns im Verlag in Frankfurt zu besuchen.

Ein Wagen fuhr vor: Udo Jürgens und Michaela Moritz. Glücklich und voller Elan durcheilte er die

Gänge, um uns zu erzählen, wie froh wir sein müssten, hier zu arbeiten, »Bücher, nur Bücher«. Voller Enthusiasmus fragte er uns aus, wie ein Buch entsteht, um dann gleich begeistert von den Geschichten zu erzählen, an denen er mit Michaela Moritz gerade saß, an denen er feilte und an deren Tönen er arbeitete wie an einem Song.

Wir waren vollkommen verblüfft und sprachlos, den Udo Jürgens von den Tourneeplakaten an den Litfaßsäulen auf der Straße plötzlich bei uns am Tisch zu sehen. Er muss das erkannt haben, aber gab uns gar keinen Moment zu erstarren – sofort fragte er, erzählte, erklärte, was ihm das Schreiben bedeutete, fragte uns nach unserem Leben. Alles war wichtig, und jeder bekam seine Aufmerksamkeit. Fast drei Stunden waren es, stellten wir später verwundert fest, aber sie waren so von neugierigen Fragen und Anregungen angefüllt gewesen. Alles wollte Udo Jürgens ansprechen und geregelt sehen: wie sieht das Buch aus, wie stellen wir uns vor, es anzuzeigen, einen Vertrag, ja, ja, aber wichtiger war ihm der Einband und der Umschlag.

Nach fast drei Stunden blickte er auf die Uhr. Ach, hätte er doch nur mehr von unserer Zeit vergeudet! Es wäre für uns ein Geschenk gewesen. Aber seine Zeit war begrenzt, er stieg ins Auto und war weg.

Der Kontakt zum Verlag hatte eigentlich mit der »Starparade« begonnen, mit ihrem Moderator Rainer Holbe, der ein Freund Udo Jürgens' geworden war und dessen Tochter Julia Bong eine Kollegin von uns. Sie hatte die Mails erhalten, und sofort nach dem Besuch planten wir das Buch. Aber dann kam keine sechs Wochen später die Nachricht von seinem plötzlichen Tod. Unerwartet und unerklärlich, wie es den lebensfrohen, neugierigen, großzügigen Gast, der noch vor kurzem bei uns am Tisch gesessen hatte, so schnell getroffen haben sollte.

Die Geschichten waren plötzlich zu einem Vermächtnis geworden, letzte Worte – für seine Freunde, seine Fans. Aber es sollte noch fünf Jahre dauern, bis wir ihm endlich seinen Wunsch erfüllen können, den er im Verlag geäußert hatte.

If I never sing another song – und sänge ich nie wieder ein weiteres Lied, so beschloss Sammy Davis Jr. seine Konzerte mit einem Lied von Udo Jürgens, das Jamie Cullum bei der Fernsehgala gesungen hatte. Dieses Lied erklingt auch in der Verfilmung von »Der Mann mit dem Fagott«, und die Leserin und der Leser wird es in den Geschichten hören, die er wie den Roman mit Michaela Moritz schrieb.

Jörg Bong, Hans Jürgen Balmes
für den S. Fischer Verlag

DANK

Wir danken

Billy Kudjoe Prosper Todzo, Zürich und Accra (Ghana), für die vielen intensiven Gespräche und Schilderungen seiner Kindheit und seiner Ankunft in Zürich und seine Erlaubnis, aus seinem Leben eine Geschichte zu machen.

Arvind Singh Mewar, Padmaja Kumari Mewar und deren Familie, Udaipur (Indien), für eine unvergessliche, zutiefst berührende, warmherzige Begegnung und wichtige Einblicke in die indische Gesellschaft.

Akil Baig, Agra (Indien), und seiner Familie für ihre Gastfreundschaft, Herzlichkeit und ihre Offenheit, mit der sie unseren Fragen über das tägliche Leben in Indien und die Situation einer Familie begegnet sind.

Sanjeev Sareen für die Führung durch seine Kleiderfabrik in New Delhi.

Manuel Louis Duarte und Kjersti Duarte für ihre Hilfe bei unseren Recherchen an der Algarve und unsere intensiven Gespräche und unvergesslichen Abende mit der »lächelnden Traurigkeit« der Fado-Klänge, die sie uns näherbrachten.

Der *Deutschen Humanitären Stiftung* für ihre wichtige Arbeit und den kurzen Text auf ihrer damaligen Homepage, mit dem dieses Buch für uns begann.

Manfred Bockelmann für seine intensiven Einblicke in die uns fremde Sicht eines Malers auf die Welt.

Miguel Alexandre für unvergessliche Begegnungen, Gespräche und seine wichtige Freundschaft und Sensibilität, mit der er die Entstehung unserer Geschichten begleitete.

John und Jenny Jürgens, Regina Ziegler, Prof. Dr. Thomas Druyen für ihre Begeisterung, die uns Mut machte, und für den Austausch und ihre Anregungen.

Dem *namenlosen Kellner* aus der Paris Bar.

Jörg Bong, Julia Bong, Peter Sillem, Hans Jürgen Balmes und dem wunderbaren *Team des S. Fischer-Verlags*, das uns und unsere Geschichten mit offenen Armen empfing und den steinigen Weg der Veröffentlichung durch die zuerst schönen und dann sehr belasteten

Zeiten bis heute mit großer Herzlichkeit, Einfühlsamkeit, Freude und Zuversicht begleitet und die Geschichten in all der Zeit nicht aufgegeben hat.

Udo Jürgens und Michaela Moritz

*Dieses Buch wurde geschrieben
von Februar 2006 bis November 2014*

in Zürich, Wien, Kärnten, Bad Ragaz,
Konstanz, Gottlieben, London, New Delhi,
Dharamsala, Agra, Udaipur, Hamburg, Frankfurt,
Berlin, New York, Miami, Key West, Lissabon
und an der Algarve.